Hans-Dietrich Genscher
Meine Sicht der Dinge

Hans-Dietrich Genscher

Meine Sicht der Dinge

Im Gespräch mit
Hans-Dieter Heumann

Propyläen

1. Auflage 2015

Propyläen ist ein Verlag der Ullstein Buchverlage GmbH
www.propylaeen-verlag.de

ISBN 978-3-549-07464-0

© Ullstein Buchverlage GmbH, Berlin 2015
Alle Rechte vorbehalten
Gesetzt aus der Janson
Satz: LVD GmbH, Berlin
Druck und Bindearbeiten: Pustet, Regensburg
Printed in Germany

Inhalt

Einleitung

Das Jahr 2015 ist besonders reich an historischen Jahrestagen. Je näher sie rückten, umso mehr habe ich mir die Frage gestellt, ob die Menschheit immer die richtigen Lehren aus der Zeit seit 1945 gezogen hat. Krankenhausaufenthalte des letzten Jahres haben mir viel Gelegenheit geboten, über diese Fragen nachzudenken. Mit diesem Buch, das auf Gesprächen mit meinem Biographen Hans-Dieter Heumann beruht, möchte ich eine politische Bilanz der vergangenen Jahrzehnte ziehen, die Erkenntnisse für die Zukunft bringen kann. Eine Bilanz nicht der Weltgeschichte, aber doch der weltpolitischen Fragen, die uns Deutsche betreffen. Gerade angesichts der aktuellen Probleme im europäischen Einigungsprozess, der Kriege im Nahen Osten und eines drohenden neuen Kalten Krieges mit Russland, aber auch angesichts der Fragen, die sich in den transatlantischen Beziehungen neu stellen, erscheint es mir wichtig, die Jahrestage nicht nur feierlich zu begehen, sondern sich auch mit neuen Herausforderungen zu befassen, die möglicherweise vermeidbar gewesen wären.

Im letzten Jahr begingen wir den 25. Jahrestag des

Falls der Berliner Mauer. Er bedeutete das Ende des Kalten Krieges und ermöglichte die deutsche Einheit. Dieses Jubiläum feiern wir 2015. Der 3. Oktober ist seit fünfundzwanzig Jahren unser Nationalfeiertag. Aber es gab eine lange Vorgeschichte, die in diesem Jubiläumsjahr nicht unter den Tisch fallen sollte. Vor vierzig Jahren, am 1. August 1975, wurde die Schlussakte von Helsinki unterzeichnet. Es war der KSZE-Prozess, der die Überwindung der Teilung Europas eingeleitet hat. Auf diese Schlussakte und die durch sie eingeleitete neue Friedensordnung in Europa bezog sich der am 12. September 1990 unterzeichnete Zwei-plus-Vier-Vertrag, mit dem die außen- und sicherheitspolitischen Aspekte der deutschen Vereinigung geregelt wurden.

An den Geist dieser beiden Dokumente sollten wir uns in diesem Jubiläumsjahr besonders erinnern. Es war der Geist der Verständigung und der Verantwortung, der dann am 21. November 1990, also ebenfalls vor fünfundzwanzig Jahren, zur Unterzeichnung der Charta von Paris durch die KSZE-Mitgliedsstaaten führte. Mit ihr wurde der Schlussstrich unter die Ost-West-Konfrontation des Kalten Krieges gezogen. Das diesjährige Jubiläum sollte Anlass und Aufforderung sein, die durch die Ukraine-Krise ausgelöste neuerliche Ost-West-Konfrontation im Geiste der Charta von Paris zu deeskalieren und endlich ernsthaft auf eine gesamteuropäische Friedensordnung hinzuarbeiten – wie sie die NATO bereits 1967 mit dem Harmel-Bericht vorgeschlagen hatte. Wir stehen heute vor der Frage, ob wir zu dem Versprechen stehen, das wir uns mit der Charta von Paris für Europa gegeben haben. Diese Frage muss jedes einzelne Land, das diese Charta unterzeichnet hat, beantworten.

Als ich als gerade Achtzehnjähriger am 7. Juli 1945 unversehrt aus dem Krieg zurückkam – in meine Heimatstadt Halle an der Saale, seit dem 1. Juli 1945 Teil der sowjetischen Besatzungszone –, gingen wir noch vom Fortbestand des einheitlichen Staates Deutschland aus, und es erfüllte uns die große Hoffnung, dass nun, nach dem Ende der NS-Diktatur, ein neuer, demokratischer Anfang möglich sein werde. Diese Hoffnung hielt angesichts der Verhältnisse, wie sie in der sowjetischen Besatzungszone immer härter und entschiedener durchgesetzt wurden, nicht lange vor. Als einer meiner Freunde sagte: Die Freiheit stirbt scheibchenweise, meinte ein anderer: Scheibchenweise ist wohl untertrieben. Später habe ich dann für die Bundesrepublik Deutschland an einer Politik mitwirken dürfen, die zunächst auf Friedenssicherung gerichtet war und dann immer stärker auf die Überwindung der Teilung Deutschlands und Europas. Heute müssen wir fragen: Stirbt jetzt der Frieden in Europa scheibchenweise? Das Thema Rüstungskontrolle und Abrüstung wird belächelt, die Sprache wird militarisiert. Noch befindet sich das alles in der Anfangsphase. Noch scheint die Entwicklung beherrschbar. Aber wie lange bleibt das so?

Nicht nur die Erinnerung an das Jahr 1990, sondern auch das Jahr 1945 beschert uns 2015 zahlreiche Jubiläen und Gedenktage. Der 70. Jahrestag des Kriegsendes am 8. Mai ging einher mit den Gedenktagen an die Befreiung der KZs, der Orte der schlimmsten Verbrechen des NS-Regimes. Angesichts dieses Alptraums ist es richtig ge-

9

wesen, dass der damalige Bundespräsident Richard von Weizsäcker vor dreißig Jahren den 8. Mai als Tag der Befreiung von brutaler Gewaltherrschaft bezeichnet hat. Seine Rede, die übrigens nicht von allen begrüßt wurde, hat dazu beigetragen, dass wir Deutschen wieder einen geachteten Platz in der Völkergemeinschaft einnehmen konnten. Es entstand ein Vertrauensvorschuss, der wiederum fünf Jahre später dazu beitrug, dass die deutsche Einigung möglich wurde.

Ein großer Vertrauensvorschuss war es auch, als Israel vor fünfzig Jahren – nur zwanzig Jahre nach dem Holocaust und gegen viele Widerstände in Israel – der Aufnahme diplomatischer Beziehungen mit der Bundesrepublik Deutschland zustimmte. Zu Recht nannte es Bundespräsident Gauck in seiner Rede zum Jahrestag am 12. Mai 2015 »ein Wunder«, was sich seitdem im deutsch-israelischen Verhältnis entwickelt hat. Auch diese Aussöhnung hat den Weg zur deutschen Vereinigung vor fünfundzwanzig Jahren geebnet.

Ein weiterer Jahrestag, der indessen wenig Beachtung findet, sollte uns nicht nur zum Nachdenken, sondern zum Handeln auffordern: Ich meine den ersten Abwurf einer Atombombe vor siebzig Jahren, am 6. August 1945, auf Hiroshima. Die Erinnerung an dieses Ereignis sollte für einen neuen Anlauf in der nuklearen Abrüstung genutzt werden. Die Atommächte sind in Verzug geraten mit ihrem Versprechen der Abrüstung ihrer Atomwaffen. Ich habe die Auseinandersetzung über den NATO-Doppelbeschluss nicht nur miterlebt, sondern mich aktiv an ihr beteiligt und sie in einem bestimmten Augenblick

allein tragen müssen. Das war ⬚
ging, durch einen Wechsel des ⬚
großen nuklearen Abrüstung⬚
dem nach meiner Vorstellung ⬚
sollten. Ich halte es für notwendig, dass wir heute zu der
Abrüstungskultur zurückkehren, die am Ende der 1980er
Jahre Vertrauensbildung zwischen West und Ost möglich
gemacht hat.

Heute muss die Frage gestellt werden, ob alle unsere
Partner noch immer zu dem NATO-Konzept stehen, dass
Rüstungskontrolle und Abrüstung unverzichtbare Teile
unserer Sicherheitspolitik sind. Wenn über die Verantwortung Deutschlands gesprochen wird, gehört für mich
dazu, dass wir Deutschen, die im Zwei-plus-Vier-Vertrag
auf Massenvernichtungsmittel verzichtet haben, in enger
Absprache mit unseren Verbündeten mit einem ehrgeizi-
gen Abrüstungskonzept einen neuen Geist im europäischen Haus durchsetzen. Das verlangt neues Denken und
die Fähigkeit, neue Entwicklungen zu erkennen und zu
ermutigen. Ich habe nicht vergessen, wie solche Gedanken diffamiert wurden, wie ich verspottet wurde, als ich
1987 dazu aufrief, Gorbatschow beim Wort zu nehmen,
eine historische Chance nicht zu versäumen. Um solche
Chancen wahrzunehmen, braucht man ein klares Konzept und – das sei eingeräumt – manchmal einen langen
Atem. Sie kommen nicht über Nacht. Über Nacht kommt
nur der Krieg. Aber dann ist es zu spät. Die Zahl der
nuklear gerüsteten Staaten in der Welt steigt. Diese Entwicklung aufzuhalten kann nur gelingen, wenn die
Atommächte ihre Verpflichtung zur Abrüstung erfüllen.

11

Besonders groß ist die Gefahr der Verbreitung von Atomwaffen im Zeitalter der sich weltweit ausbreitenden entstaatlichten Kriegführung. Das dürfen wir nicht tatenlos hinnehmen.

Von Hause aus bin ich ein positiv denkender, zuversichtlicher Mensch, doch muss ich heute sagen, dass es nicht nur das Ost-West-Verhältnis ist, das mir große Sorge bereitet. Besorgt bin ich auch wegen der Tendenzen in Europa, den Einigungsprozess zu verlangsamen, in vielen Fällen sogar aufzuhalten oder zurückdrehen zu wollen. Europakritiker, in Wahrheit Europaverweigerer, erheben überall ihr Haupt. Aber ein Europa im Rückwärtsgang darf es nicht geben. Die Frage stellt sich fundamental: Vollendung der europäischen Einigung oder Ende des Einigungsprozesses und Zerfall? Zur Nagelprobe wird es kommen, wenn die Konsequenzen aus der Griechenlandkrise zu ziehen sind. Das Problem der Währungsunion war der Teilsieg ihrer Gegner. Sie konnten deren Durchsetzung nicht aufhalten, aber sie verhinderten mit dem Totschlagargument »Keine Wirtschafts- und Finanzregierung in Brüssel« die dringend notwendige flankierende Europäisierung dieser beiden Politikfelder. Ich möchte mit diesem Buch an die überzeugten Europaanhänger, die es ja mehrheitlich gibt, appellieren, das große Zukunftsprojekt Europa kämpferisch zu vertreten, die Zögernden zu ermutigen, die am Einigungsziel Zweifelnden zu überzeugen.

Vor allem folgenden Fragen möchte ich auf den Grund gehen: Welche Lehren hat Deutschland aus seiner jüngsten Geschichte für seine Außenpolitik gezogen? Warum wurde die große Chance, die Europa nach 1989 besaß, nicht für die Vollendung der Einheit unseres Kontinents genutzt, für einen großen Sprung nach vorn in der europäischen Integration und für eine gesamteuropäische Friedensordnung? Wir brauchen mehr Europa, sonst wird Europa scheitern. Und schließlich: Wie sieht die Zukunft der transatlantischen Partnerschaft aus? Auch dafür braucht es neue Konzepte. Nur als gleichberechtigte Partner können wir erreichen, dass der Atlantik nicht breiter wird.

Mit der Annexion der Krim und der Unterstützung der ostukrainischen Separatisten hat Moskau das Völkerrecht gebrochen und gegenüber der Politik Gorbatschows und Jelzins eine neue Richtung eingeschlagen. Immerhin hat Putin einmal von einem »Europa von Lissabon bis Wladiwostok« gesprochen. Nun spricht er von einer »eurasischen Union«, die weite Teile Europas und die USA ausschließt. Aber wir sollten nicht nur mit dem Finger auf Putin zeigen. Es gab und gibt Kräfte in der transatlantischen Allianz, die die alte Teilungslinie in Europa nicht überwinden, sondern lediglich nach Osten verschieben wollen. Daraus hat sich eine neue Gegensätzlichkeit, ein neuer Antagonismus ergeben, den wir nach 1989 für überwunden hielten. Aber an der Ostgrenze Polens beginnt nicht Westasien, sondern Osteuropa. Und dieses Osteuropa einschließlich Russlands gehört in eine gesamteuropäische Friedensordnung, wie es die OSZE, aber auch die Charta von Paris vorsieht. Das stand nach dem Ende des Kalten Krieges ganz oben auf der Tagesordnung, und dort gehört es auch wieder hin. Da sind diejenigen wenig hilfreich, die Russland aus Europa hinausdrängen und mit der Bezeichnung »Mittelmacht« herabsetzen wollen.

Schließlich ist zu fragen, was die deutsche Politik dazu beigetragen hat, dass Europa heute seinen Platz in der globalisierten, multipolaren Welt findet. Als am weitesten fortgeschrittener regionaler Staatenverbund kann Europa als Versuchslabor für die neue multipolare Weltordnung gelten, die sich herauszubilden beginnt – als Beispiel für eine »Weltnachbarschaftsordnung«. Deutschland führt eine Diskussion über seine »neue« Verantwortung in der Welt. Dabei ist die Bundesrepublik immer ihrer weltpolitischen Verantwortung gerecht geworden. Nicht Deutschland allein hat eine neue Verantwortung in der Welt, sondern alle Länder müssen sich den neuen Realitäten einer multipolaren Welt stellen und dafür ihre Verantwortung übernehmen.

Eine Erfahrung war mir stets wichtig: Nur neues Denken eröffnet neue Chancen. Vielleicht sollte man es ganz einfach formulieren: Der deutsche Ehrgeiz, nicht nur für uns, sondern in und für Europa Verantwortung zu übernehmen, verlangt nicht mehr, aber auch nicht weniger als eine Politik des guten Beispiels. Man kann es nicht besser sagen als der französische Schriftsteller Paul Claudel, auf dessen Wort über Deutschland ich unmittelbar nach dem Ende des Zweiten Weltkrieges gestoßen bin: »Deutschland ist nicht dazu da, die Völker zu spalten, sondern sie um sich zu versammeln, all die unterschiedlichen Nationen, die es umgeben, spüren zu lassen, dass sie ohne einander nicht leben können.«

Damals – 1945 – habe ich mich gefragt, ob es für unser besiegtes Land nach den schrecklichen zwölf Jahren der NS-Diktatur überhaupt noch eine Rolle in Europa geben würde. Sie gab es und sie gibt es. Die Politik im freien Teil Deutschlands entschied sich für die westliche Welt. Die deutsche Entscheidung für die Mitgliedschaft in der NATO und für die Aufstellung der Bundeswehr war für die sicherheitspolitische Entwicklung in Europa von höchster Bedeutung. In den schwierigsten Zeiten des Ost-West-Verhältnisses leistete Deutschland mit der Bundeswehr den größten Bündnisbeitrag unter den europäischen NATO-Staaten. Das geschah damals gegen den Widerstand der SPD, mit der neuen Mehrheit aus FDP und CDU/CSU. Die Bundeswehr entstand als moderne, weltoffene Armee eines demokratischen Staates, frei von altem Denken und im Bewusstsein der geschichtlichen Verantwortung, die Deutschland trug.

Ohne die Bundesrepublik – so kann man heute sagen – hätte es die NATO als handlungsfähiges Bündnis nicht gegeben. Das trifft auch für die EU zu. Wir haben den größten Beitrag geleistet. Und sind ohne die deutsche Ostvertragspolitik der frühen 1970er Jahre die KSZE und die Entspannungspolitik überhaupt denkbar? Der Bundesrepublik gelang es als Nicht-Nuklearmacht, die Voraussetzungen für den großen Abrüstungserfolg bei den nuklearen Mittelstreckenraketen zu schaffen. Der NATO-Doppelbeschluss vom Dezember 1979 machte es mit seinem Abrüstungsteil möglich, dass diese heißumstrittene Initiative überhaupt politisch durchgesetzt werden konnte. Keiner von uns hat sich mit diesem Schritt leicht getan. Jeder hat alles geben müssen, um die neue Politik, Abrüstung durch die Option der Aufrüstung durchzusetzen, verständlich und glaubwürdig zu machen. Wenn ich von »uns« spreche, so meine ich Helmut Schmidt, der zuerst auf das Problem der sowjetischen Vorrüstung hingewiesen hatte, aber genauso Helmut Kohl, den wir, die Liberalen, 1982 zum Bundeskanzler wählten, um mit ihm den NATO-Doppelbeschluss umzusetzen.

Es war die dramatischste und schwerste Entscheidung meines politischen Weges. Immerhin musste eine Regierung beendet und eine neue begründet werden. Die Beendigung der SPD-FDP-Koalition durch meine Partei war keine Absage an Bundeskanzler Helmut Schmidt, sondern an seine Partei, deren Unterstützung er verloren hatte. Die Hinwendung zur CDU/CSU mit Helmut Kohl an der Spitze fand statt, weil sie bereit war, den NATO-Doppelbeschluss, wie Helmut Schmidt und ich ihn präsentiert hatten, zu unterstützen. Damals entschied sich die Frage: Doppelbeschluss und nukleare Abrüstung in Deutschland und durch deutsche Beteiligung, und es war meine Partei, die die Weichen gestellt hat.

Heute gilt es, die Welt als Kooperationsordnung auf der Grundlage von Gleichberechtigung und Ebenbürtigkeit zu schaffen. Das ist eine Absage an die Konfrontationsordnung des Kalten Krieges, an die Machtpolitik alter Zeit. Es ist die Hinwendung zu weltpolitischer Verantwortung aller Beteiligten mit dem Ziel einer globalen Verantwortungspolitik. Machtpolitik wirft die Frage auf, wem gegenüber und vor allem durch wen Macht ausgeübt werden soll. Das Streben nach Macht über andere, nach Vorherrschaft, ist das Ergebnis alten Denkens. Neues Denken, die Akzeptanz der neuen Verantwortungspolitik, entspricht dem Gebot unseres Grundgesetzes: »Die Würde des Menschen ist unantastbar«. Das heißt nicht die Würde des deutschen oder des europäischen Menschen, sondern die Würde jedes Menschen, der unsere Erde bewohnt.

TEIL I –
DIE WELT IM UMBRUCH

Entfremdung zwischen
dem Westen und Russland

Der Ukraine-Konflikt dieser Tage offenbart die Entfremdung zwischen dem Westen und Russland. Sie hat nach Meinung einiger schon am Ende des Kalten Krieges eingesetzt. Die Reden Präsident Putins vor dem Deutschen Bundestag 2001 und auf der Münchner Sicherheitskonferenz 2007 wurden vielleicht nicht ernst genug genommen. Darin hatte er ja davor gewarnt, Russland zurückzudrängen. Wie sehen Sie die Entwicklung seit dem Ende des Kalten Krieges, als der Westen eine gesamteuropäische Friedensordnung versprochen hatte?

Die Konsequenzen, die man aus dem Mauerfall gezogen hat – der Mauerfall sozusagen als Symbol für das Ende des Kalten Krieges –, waren historisch gesehen höchst unterschiedlich. Die Chance für die Einleitung eines großen europäischen Friedensschlusses wurde nicht genutzt. Die NATO hatte im Harmel-Bericht von 1967, benannt nach dem belgischen Außenminister Pierre Harmel, die deutsche Teilung als Hauptursache der Spannungen in Europa bezeichnet. Die Überwindung der deutschen Teilung hätte demnach zu einer Überwindung der Spannungen führen müssen. Wir müssen uns die Frage stellen, warum das langfristig gesehen nicht möglich war. Gewiss, der Kreml hatte frühzeitig erkannt, dass sich die Lage in Europa zu Lasten Russlands entwickeln könnte. Anders ist das Insistieren Moskaus – und nicht zuletzt Gorbatschows – auf Verabschiedung der Charta von Paris, die 1990 die Ost-West-Konfrontation beenden und ein friedliches, demokratisches Europa auf der Grundlage der KSZE-Prinzipien besiegeln sollte, nicht zu erklären. Moskau wollte eine Verständigung darüber haben, dass nunmehr eine neue Ordnung entsteht, in der alle auf gleicher Augenhöhe miteinander verkehren. Das alles noch im Zeichen einer fortbestehenden Sowjetunion und mit Gorbatschow und seiner Perestroika.

Natürlich begann mit dem Zerfall des östlichen Lagers auch eine Abnahme der Einflussmöglichkeiten Moskaus. Die anhaltende ökonomische Schwäche der Sowjetunion veränderte die Gewichte in Europa zu ihrem Nachteil und zum Vorteil des Westens. Hinzu kam, dass gegen Ende 1991 die Auflösung der Sowjetunion begann. Das war gewiss nicht die Absicht Gorbatschows und auch nicht die Konsequenz eines ihm nachgesagten Versagens. Es war zu einem erheblichen Teil der Umsetzung von Jelzins Ziel geschuldet, Russland innerhalb der sowjetischen Völkergemeinschaft die alte Dominanz zurückzugeben und sich selbst im russischen Nachfolgestaat der Sowjetunion in die Position der einstigen Zaren zu manövrieren.

Die nationale Frage hatte schon zu Zeiten Lenins, aber auch in der Hochzeit des Stalinismus und danach immer wieder die sowjetische Politik beschäftigt. Sie spielte auf den Parteitagen der KPdSU eine wichtige

22

Rolle. Offensichtlich war die Frage des Zusammenhalts des Vielvölkerstaates in allen Perioden der Sowjetherrschaft von allergrößter Bedeutung. Wenn heute wieder die Frage gestellt wird, warum Chruschtschow einst der Ukraine die Krim geschenkt hat, dann hört man als Motiv, er habe als Ukrainer etwas für seine Heimat tun wollen, um zu zeigen, dass sie in der Sowjetunion auch ihre Rolle spielt. Das erwartete man von ihm als Generalsekretär der KPdSU.

Wir erlebten damals also eine Schwächeperiode der Sowjetunion und schließlich ihre Auflösung. Wir wurden Zeugen des vergeblichen Bemühens Jelzins in seiner verbleibenden Amtszeit, die im Dezember 1991 gegründete GUS, die Gemeinschaft Unabhängiger Staaten, zu stärken. Die Partner, das heißt die noch bestehenden Republiken der aufgelösten Sowjetunion, sagten zwar ja zur GUS, dachten aber offensichtlich nicht daran, ihrem Wort Taten folgen zu lassen. Vielmehr wollten sie an der neu gewonnenen Unabhängigkeit und Souveränität festhalten. Es ist offenkundig, dass in dieser Phase NATO und Europäische Union an Gewicht und auch an Attraktivität in Europa gewannen.

Die Mitgliedschaft der mittel- und osteuropäischen Staaten in der Europäischen Union war durchaus natürlich und logisch. Hätten sie die Wahl gehabt, so hätten sich diese Staaten schon in der Gründungsphase nach dem Zweiten Weltkrieg für die westliche Seite entschieden. Die Entwicklung in der Tschechoslowakei bis zum Februarputsch 1948 stellt das unter Beweis. Was Russland betrifft, den bedeutendsten Nachfolgestaat der Sowjetunion, so hätte sich von Anfang an die Gelegenheit geboten, ihm eine andere Art der Partnerschaft, etwa eine Freihandelszone, anzubieten. Eine solche Absicherung der EU-Erweiterung durch die gleichzeitige Verdichtung der ökonomischen Partnerschaft mit Russland hätte von vornherein den Anschein vermieden, die Erweiterung sei gegen Russland gerichtet. Die Beitrittsverhandlungen der EU mit den mittel- und osteuropäischen Staaten, geführt vom deutschen Kommissar Günter Verheugen, waren übrigens ein Meisterstück, weil sie den Eindruck einer gegen Russland gerichteten Spitze gar nicht erst aufkommen ließen. Nach meiner Überzeugung ist es auch heute im Interesse beider Seiten, eine Verdichtung der wirtschaftlichen und gesellschaftlichen Beziehungen, die schon durch die geographische Nachbarschaft geboten ist, in jeder Hinsicht zu fördern. Sie würde auch dem Grundgedanken der KSZE entsprechen.

Die Einrichtung des NATO-Russland-Rates 2002 habe ich für ein ebenso kühnes wie weitsichtiges Beispiel neuen politischen Denkens gehalten. Die Tatsache, dass er heute immer weniger genutzt wird, ist kein gutes Zeichen. Im Verhältnis von NATO und Russland ist es dringend erforderlich, zu den grundlegenden Motiven und Ideen von damals zurückzukehren. Hier kann auch heute noch neues Denken ansetzen, das der aktuellen Lage und der voraussehbaren Zukunft gerecht wird und zum Kern der Frage vordringt, wie wir im Bereich der Sicherheitspolitik zu einer Deeskalation kommen können. Ich erinnere daran, dass die NATO 1967, mitten im Kalten Krieg, die Kraft besaß, mit dem Harmel-Bericht eine politische

Strategie zu entwerfen, die auf realistischem Sicherheitsdenken und umfassender Vertrauensbildung beruhte. Sie war ein Meisterwerk gestaltender Politik, an dem man sich heute ein Beispiel nehmen sollte.

Michail Gorbatschow hat 2014 in Berlin erklärt, es habe im Zusammenhang mit der deutschen Vereinigung niemals die Vereinbarung gegeben, dass die ehemaligen Mitglieder des Warschauer Paktes nicht Mitglied der NATO werden dürften. Er erinnerte zu Recht daran, dass zur Zeit der Verhandlungen über die deutsche Vereinigung der Warschauer Pakt noch bestand und die Frage solcher Mitgliedschaften schon von daher gar nicht aktuell war. Was damals – 1990 – vereinbart wurde, steht im Zwei-plus-Vier-Vertrag. Nicht mehr und nicht weniger. Zur Zeit der Einrichtung des NATO-Russland-Rates 2002 gab es den Warschauer Pakt nicht mehr. Von dieser neuen Realität ging man damals aus. Aber man stellte nicht in Frage, dass Russland weiterhin eine Großmacht ist, und das sollte man auch heute nicht in Frage stellen. Dominanzdenken würde hier, wie überall in der Welt, dem Ziel der Vertrauensbildung entgegenwirken.

Viele haben offenbar nie verstanden, dass der KSZE-Raum den Raum von Vancouver bis Wladiwostok umfasst. Das heißt, die beiden Großmächte USA und Russland – damals Sowjetunion – sind einbezogen. Sie balancieren sich in gewisser Weise aus, sind aber unverändert Großmächte. Dieser gewaltige Raum, quasi die gesamte nördliche Hemisphäre, bietet die Chance, einen Stabilitätsraum zu schaffen, der in einer globalisierten Welt auch auf andere Regionen stabilisierend wirken kann – aber nur, wenn man diese Welt als Kooperationsordnung versteht, nicht als Herrschafts- oder gar Vorherrschaftsordnung. Unter den neuen technologischen Möglichkeiten einer Weltnachbarschaftsordnung ist eine Weltherrschaftsordnung, wer immer sie erstrebt, mehr denn je anachronistisch und in höchstem Maße destabilisierend. Nachbarschaft verlangt Kooperation und Partnerschaft. Die Umsetzung einer regionalen Partnerschafts- und Nachbarschaftsordnung, wie sie schon vor Jahrzehnten für den KSZE/OSZE-Raum, also von Vancouver bis Wladiwostok, angestrebt war, könnte beispielgebend sein für eine kooperative Weltordnung.

Noch vor dem Fall der Mauer gab es in Budapest die erste Kulturkonferenz der KSZE. Man besann sich einer gemeinsamen europäischen Kultur, nicht streng geographisch, sondern auch hier unter Einbeziehung Nordamerikas. Wir sind ein gemeinsamer Kultur- und Wirtschaftsraum. Warum nicht auch ein gemeinsamer Sicherheitsraum auf der Basis von Gleichberechtigung und Ebenbürtigkeit für alle?

Ich erinnere mich noch bitter an einen Vorgang in London im Juli 1991. Deutschland hatte vorgeschlagen, zum Weltwirtschaftsgipfel der G7 erstmals die Sowjetunion einzuladen, und wurde darin unterstützt von Frankreich und Italien. Margaret Thatcher war massiv dagegen, erkennbar in Übereinstimmung mit den USA. Daraufhin gab es eine Diskussion am Tisch: »Wenn er schon kommen soll, der Gorbatschow, dann aber erst, wenn die Beratungen abgeschlossen sind.« Dann kam die Frage auf: Sollen die Pressekonferenzen der Staats- und

Regierungschefs vor der Teilnahme Gorbatschows statt-finden oder danach? Selbstverständlich erst hinterher, so Frau Thatcher. Alles in allem kam ein mehr als fauler Kompromiss heraus. Das war übrigens in jenen Monaten das einzige Mal, dass wir, die Wortführer derjenigen, die Gorbatschow von Anfang an und nach außen erkennbar eine gleichberechtigte Position einräumen wollten, in einer wichtigen Frage eine andere Position als einige un-serer westlichen Partner vertraten.

Dabei hätte man Gorbatschow in dieser erkennbaren Schwächephase zur Seite stehen müssen. Das wäre weit-sichtige und kluge Politik gewesen. So aber kam es nur einen Monat, bevor dann im August 1991 der Moskauer Putsch gegen Gorbatschow stattfand, zu dessen Demüti-gung durch den Westen, weil man die Sowjetunion nicht als gleichwertigen Partner akzeptieren wollte. Wir erleb-ten also schon da eine Ausnutzung der Schwäche Mos-kaus, sehr viel stärker dann in der Zeit von Präsident Jel-zin. Es war der Beginn einer Entwicklung, in der Russland als ein Land behandelt wurde, das an den Entscheidungs-prozessen des Westens nur nach Belieben zu beteiligen war. Das zeigt sich bis heute unter anderem in der Nicht-nutzung oder Aufkündigung von Konsultationen. Selbst-verständlich entstehen da Empfindlichkeiten auf der an-deren Seite.

Schließlich haben auch die Pläne der NATO bezie-hungsweise der USA für Raketenabwehrsysteme immer wieder die Balance der beiden nuklearen Großmächte beeinträchtigt und notwendiges Vertrauen zerstört. Es darf nicht vergessen werden, dass der nukleare Frieden während des Kalten Krieges nur gesichert werden konnte durch die gegenseitige Vernichtungsfähigkeit. Wer als Erster schießt, stirbt als Zweiter (aber auch er stirbt) – das war die Versicherung dagegen, dass ein Atomkrieg vom Zaun gebrochen wird. Schon die Star-Wars-Idee Ronald Reagans in den 1980er Jahren, also die Idee eines Raketenabwehrsystems im Weltraum, war gefährlich, weil sie die USA unverletzbar hätte machen können. Sobald aber mit dieser Vernichtungswaffe eine Seite unverletzbar ist, bedeutet das praktisch Weltherrschaft. Schon damals war klar, dass die Welt im atomaren Zeitalter ihre Überlebensfähigkeit nur noch kooperativ sichern kann. Das gilt heute unvermindert.

Wir haben über die Verantwortung des Westens für die Entfremdung gegenüber Russland gesprochen. Muss man aber nicht auch die Frage stellen, ob wir uns über die russischen Absichten getäuscht haben, wenn Präsident Putin schon relativ früh – er ist ja schon 2000 ins Amt gekommen – davon gesprochen hat, dass der Zusammenbruch der Sowjetunion die größte geopolitische Katastrophe des 20. Jahrhunderts gewesen sei. Gibt es hier nicht russische Absichten, für die das Konzept einer Sicherheitspartnerschaft gar nicht geeignet ist?

Man hätte sehen müssen, dass Russland in jedem Fall, wer immer da regiert, sich als Großmacht versteht, und das zu Recht. Wenn dieser Status unbestritten ist und Russland auch allgemein so wahrgenommen wird, bin ich gar nicht sicher, ob Putin seine Bemerkung so wiederholen würde. Wir müssen uns fragen, warum er es für eine Katastrophe hält. Sagt er, wir wollen die kleineren Staaten an unserer Peripherie wieder beherrschen? Oder sagt er, der Zerfall der Sowjetunion hat dazu geführt, dass Russland nicht mehr als ebenbürtige Großmacht wahrgenommen wird? Das könnte auch eine Interpretation seiner Bemerkung sein. Dass viele Erklärungen aus Moskau, auch innere Entwicklungen in Russland von uns nicht als ideal empfunden werden, ist offenkundig. Das, was mit der Krim geschah, ist inakzeptabel. Die Aufgabe aber ist, aus der heutigen Situation einen Weg zu finden, der zu einer neuen Zusammenarbeit und Partnerschaft im OSZE-Raum führt. Ein Politiker, der in den zwischenstaatlichen Beziehungen ein Problem sieht und nicht handelt, verhält sich wie ein Arzt, der dem Patienten die Medizin verweigert.

Hätten Sie es für möglich gehalten, dass Russland Grenzen in Europa in Frage stellen würde? Putin hat die Krim annektiert und interveniert in der Ostukraine.

Die Krim-Entscheidung war ein schwerer Fehler Moskaus. Es hilft aber, sie vor dem Hintergrund der Entwicklung insgesamt zu betrachten. Für mich ist klar, dass Europa eine Chance verpasst hat. Als Putin in seiner Rede vor dem Deutschen Bundestag im Jahr 2001 eine gemeinsame Freihandelszone von Lissabon bis Wladiwostok in Aussicht stellte, wurde er mit Standing Ovations verabschiedet. Nur hat ihn niemand beim Wort genommen. Die Annäherung der Ukraine an die Europäische Union hätte eine völlig andere Reaktion in Moskau ausgelöst,

wenn sie von Verhandlungen mit Putin über diese Freihandelszone begleitet worden wäre. Damit hätte man den
Anschein eines gegen Russland gerichteten Prozesses verhindern können. Stattdessen wurde Moskau vom amerikanischen Präsidenten als Regionalmacht verspottet. Was
soll man von einem Sprachgebrauch halten, in dem gefordert wird, Russland zu bestrafen? In der neuen Weltordnung der Ebenbürtigkeit und Gleichberechtigung ist kein
Staat mehr der Schulmeister des anderen. Das sind Dinge,
die das Klima in einer negativen Weise verändern. Nach
meiner Erfahrung sind der Respekt vor der anderen Seite
und die Bereitschaft, auf gleicher Augenhöhe zu sprechen,
von ganz entscheidender Bedeutung.

*Aber rechtfertigt ungeschickte Diplomatie einen Völkerrechts-
bruch?*

Natürlich nicht. Die Selbständigkeit und das Selbstbestimmungsrecht der Völker Europas – auch der Ukraine –
sind das Ergebnis eines über Jahrzehnte vom Westen ver-
folgten Konzepts der Einbeziehung auch Russlands, das
darauf basierte, Vertrauen zu schaffen. Darauf müssen wir
uns besinnen. Man kann es nicht oft genug sagen: Stabilität im OSZE-Raum gibt es nicht ohne Russland und erst
recht nicht gegen Russland.

Sehen Sie Anzeichen dafür, dass Putin sich einbeziehen lässt?

Putin würde vermutlich nicht sagen, er sei einbezogen
worden. Aber ich bin sicher, er würde sagen, dass wir

Deutschen uns um seine Einbeziehung bemüht haben. Das würde auch den Sachverhalt richtig beschreiben. Putin hat Interessen, und die EU hat Russland noch immer viel zu bieten. Ich finde, Bundeskanzlerin Merkel und Außenminister Steinmeier machen es richtig, wenn sie sich bemühen, bei allen Meinungsverschiedenheiten intensiven Kontakt zu halten. Sie vermeiden auftrumpfende Worte, aber keineswegs kraftvolle. Damit lässt sich, zum geeigneten Zeitpunkt, etwas erreichen.

Sehen Sie noch eine Chance, zu einer gesamteuropäischen Friedensordnung zu kommen, die Sie ja immer gefordert haben?

Ich sehe nicht nur die Chance, ich sehe die Notwendigkeit. Europa muss die Verantwortung übernehmen für einen neuen Entwurf eines großen Friedensraumes von Vancouver bis Wladiwostok. Das wird auch andere Konflikte gemeinsam lösbar machen. Ich halte es für geboten, dass wir unsere Vorstellungen von dieser gesamteuropäischen Friedensordnung entwickeln und darüber eine Verständigung mit allen Beteiligten herbeiführen, im konkreten Fall also besonders mit Russland. Eine solche Zielsetzung ist, wenn sie aufrichtig und realistisch vorgetragen wird, nicht aussichtslos, weil das Interesse Russlands an der Kooperation mit dem Westen ohne jeden Zweifel vorhanden ist.

Das setzt aber voraus, dass wir nicht sagen oder auch nur denken, wir hätten es mit einem schwachen Partner zu tun. Dann wird der Partner sich stärker aufstellen, als er möglicherweise ist. Auch wenn ich diesen Begriff nur selten benutzt habe, macht mich doch besorgt, wie wir inzwischen zu einer Sprache im West-Ost-Verhältnis gekommen sind, die manchmal geradezu bellizistisch klingt. Hier müssen wir uns die einfache Frage stellen, ob wir uns als Schicksalsgemeinschaft sehen, als unmittelbare Nachbarn, die auf derselben Erdscholle zusammenleben – ja oder nein? Wenn ja, wie will man das Zusammenleben gestalten? Etwa so, dass der eine sagt, was der andere zu tun hat? Oder so, dass man sich verständigt. Ich bin der Meinung, dass es einer großen, gemeinsamen westlichen Anstrengung bedarf. Der Westen muss sich über eine gemeinsame Strategie verständigen. Ich kann nur immer wieder auf den Harmel-Bericht zurückkommen. Der ist mitten im Kalten Krieg entwickelt worden. Besonders bedeutsam darin der Hinweis, dass Frieden und Stabilität in Europa nur unter Beteiligung der USA und der Sowjetunion (heute Russland) möglich sind. Es gelang damals, die verfahrene Lage zu klären und schließlich zum Besseren zu verändern. Auch heute müssen wir dafür sorgen, dass wir eine dauerhafte Stabilität bekommen. Da kann man nicht ein Land wie Russland am Rande liegen lassen, sondern muss es als ebenbürtigen Partner behandeln.

Ich möchte an zwei Begebenheiten aus der Vergangenheit erinnern. Sie kommen aus dem menschlichen Bereich und sind mir in der letzten Zeit oft in den Sinn gekommen. Am Rande der KSZE-Abschlusskonferenz in Helsinki 1975 trafen wir, die Deutschen, zu einem Delegationsgespräch mit Leonid Breschnew und Andrej

Gromyko in der sowjetischen Botschaft, einem riesigen Bau, zusammen. Unser erfahrener und hochqualifizierter Dolmetscher flüsterte mir plötzlich zu, auf Breschnew gemünzt: »Ich kann ihn kaum noch verstehen.« Der Kreml-Chef hatte offensichtlich große Probleme, sich zu artikulieren. Wenig später gab mir Gromyko einen Wink, den Konferenzsaal zu verlassen. Wir gingen in einen Nebenraum, wo die festliche Tafel für das Abendessen gedeckt war. Gromyko sagte: »Sie sehen, wir haben alles vorbereitet, aber er [gemeint war Breschnew] kann nicht mehr. Bitte geben Sie dem Bundeskanzler ein Zeichen, er möge sich vorzeitig verabschieden, damit Breschnew seine Schwäche nicht bekennen muss.«

So geschah es. Bundeskanzler Schmidt und ich nahmen im selben Wagen Platz, um die Lage zu besprechen. Wir waren uns schnell einig, Breschnew nicht als kranken Mann bloßzustellen. Es durfte aber auch nicht der Eindruck entstehen, dass das Gespräch im Affront und deshalb vorzeitig beendet worden war. Um also nicht drei Stunden früher zum Hotel zurückzukehren und den dort wartenden Journalisten, die über das Gesprächsergebnis berichten wollten, Erklärungen abgeben zu müssen, schlug ich dem Bundeskanzler vor, in ein in der Nähe liegendes Waldstück zu fahren, dort einen Spaziergang zu machen und dann auf Umwegen zurück in die Stadt zu fahren. Unser Manöver gelang, nichts von den Unpässlichkeiten wurde bekannt.

In eine ähnliche Lage kam ich, als Gromyko 1978 während seiner Rede vor der Vollversammlung der Vereinten Nationen plötzlich zu sprechen aufhörte, sich mit beiden

Händen am Rednerpult festklammerte und von herbei-springenden Sicherheitsbeamten weggeleitet wurde. Auf dem Programm stand anschließend für Gromyko und mich ein Delegationsgespräch in der deutschen UN-Ver-tretung. Dort angekommen, ließ ich bei der sowjetischen Vertretung anrufen und erklären, dass ich Verständnis hätte, wenn Gromyko nicht kommen würde. Wir würden sicherlich einen neuen Termin finden. Die Reaktion kam zehn Minuten später: Gromyko wolle das Programm so ablaufen lassen, wie vorgesehen. Seine Ankunft werde sich allerdings um ein paar Minuten verzögern.

Ich empfing ihn am Eingang unserer Vertretung und sagte ihm, ich würde gern ein paar Minuten unter vier Augen mit ihm sprechen. Wir begaben uns ins Arbeits-zimmer des Botschafters, und ich eröffnete ihm, auch ich hätte Probleme mit dem Herzen und könne seine Lage gut verstehen. Ich schlug ihm vor, dass er sich für eine Stunde auf der Liege des Botschafters niederlegen und erholen könne. Ich würde derweil Akten bearbeiten, und dann werde man weitersehen. Er drückte meine Hand und bedankte sich. Nach ungefähr einer Stunde begaben wir uns zu den Delegationen, die bereits gegessen hatten, nahmen nur noch das Dessert ein und gingen dann aus-einander.

Gromyko hat uns beide Ereignisse und die Art, wie wir damit umgegangen sind, nie vergessen. In der Tat: Wer den Starken schwach erlebt, sollte darüber schweigen, auf jeden Fall nicht triumphieren. Ich habe in den letzten Jahren immer wieder an diese beiden Vorkommnisse und unseren Umgang damit denken müssen, zum Beispiel als ich Zeuge wurde, wie sich sogenannte Staatsmänner in einer Zeit, in der man wirklich von einer Schwäche der nuklearen Großmacht sprechen konnte, über die Repräsentanten Moskaus mokiert haben. Russland war eine Weltmacht, ist es und wird es bleiben. Den anderen als ebenbürtig zu erkennen, ihm mit Würde zu begegnen – das gehört zum Umgang der Menschen, der Völker und der Staaten miteinander.

Bismarck sagte einmal, der Draht zu St. Petersburg, damals die russische Hauptstadt, dürfe nicht abreißen. Wir erleben derzeit in der Russlandpolitik der Bundesregierung eine echte Zäsur hin zu einer harten Haltung. Wie beurteilen Sie das?

Die Bundesregierung kann ihre Politik immer nur im Rahmen der Europäischen Union und des westlichen Bündnisses entwickeln. Wenn ich die Töne aus europäischen Hauptstädten, aber auch aus Washington höre, so ist unbestreitbar, dass die gegenwärtige Bundesregierung besonders verantwortungsvoll darum bemüht ist, den Gesprächsfaden nicht abreißen zu lassen, um den Weg zu einem dauerhaften Frieden im OSZE-Raum offen zu halten.

Wir sollten die Einrichtungen, die wir haben, beleben. Man hat sich 1995 entschieden, aus der KSZE die OSZE zu machen. Das bedeutete eine Aufwertung dieser gesamteuropäischen Struktur. Haben wir sie wirklich aufgewertet? Haben wir sie wirklich genutzt? Wollen wir nicht mal versuchen, sie zu nutzen? Es kann laut UN-Satzung regionale Unterorganisationen der Vereinten Nationen geben, die ähnlich konstruiert sind wie die Dachorganisation. Ich habe damals vorgeschlagen, dass die OSZE sich als eine solche Unterorganisation etabliert – mit der Möglichkeit, einen europäischen Sicherheitsrat zu schaffen. Eine Idee, die sofort von Václav Havel aufgegriffen und auch von Gorbatschow unterstützt worden ist. Wir müssen uns jetzt Gedanken machen, wie wir die Identität des OSZE-Raumes stärken können, wobei der Grundsatz der Gleichberechtigung und Ebenbürtigkeit gewahrt bleiben muss. Wir müssen darüber nachdenken, wie die künftige Rolle Gesamteuropas im Verhältnis zur Europäischen Union, aber auch im Verhältnis zur neuen Weltordnung aussehen soll.

Sie haben Putin persönlich getroffen. Was ist das für eine Persönlichkeit? Wie viel des jetzigen Kurses Russlands ist ihm zuzurechnen? Was können wir noch von ihm erwarten?

Ich würde raten, auch in Zukunft mit ihm zu reden. Natürlich ist es für ihn wichtig, dass sein Land nicht an die Wand gedrängt wird. Immerhin gehört Russland zu den BRICS-Staaten (Brasilien, Russland, Indien, China, Südafrika). Putin realisiert sehr deutlich, dass in der neuen Weltordnung neue Staaten aufsteigen, und er legt Wert darauf, dass Russland in diesem Kreis seine Rolle erfüllen kann. Das ist einer der Gründe, warum er mit besonderer Empfindlichkeit auf die Zurücksetzung im Westen reagiert.

Wir müssen mit einem westlichen Konzept hervortreten, das zukunftsträchtig ist und in dem Russland nicht nach Belieben ein Platz zugewiesen wird, sondern dauerhaft ein seiner Bedeutung und Lage angemessener Platz. Russland gehört nun einmal zu den beiden nuklearen Supermächten. Auch wenn das heute nicht mehr die Rolle spielt wie im Kalten Krieg, ist es trotzdem ein Ausweis seiner strategisch-sicherheitspolitischen Bedeutung.

Sie haben ja eine wichtige Erfahrung mit Putin gemacht, als Sie sich bei ihm für die Freilassung des russischen Oligarchen Michail Chodorkowski eingesetzt haben.

Das war nicht von vornherein eine Bemühung, bei der man mit Erfolg rechnen konnte. Als die Bitte an mich herangetragen wurde, mich für ihn einzusetzen, habe ich sofort ja gesagt, weil ich ihm vor seiner Verhaftung begegnet war. Er hatte mich beeindruckt, auch mit der Verantwortung, die er für sich sah angesichts des Vermögens, das er, wie einige andere auch, nach der großen Wende von 1989/90 in spektakulärem Tempo erworben hatte.

Was, glauben Sie, ist das Motiv Putins gewesen, seine Meinung zu ändern und Chodorkowski freizulassen?

Womöglich hat er die Bemühungen, die ich angestrengt hatte, gern genutzt, um sich eines Problems zu entledigen. Ganz sicher wollte er auch ein Signal setzen, dass man mit ihm sprechen kann. Insofern hatte das auch eine außenpolitische Relevanz, nicht nur eine humanitäre. Es kamen verschiedene Motive zusammen. In erster Linie war es aber wohl eine humanitäre Entscheidung angesichts der familiären Umstände Chodorkowskis zu dieser Zeit. Man kann jedenfalls nicht sagen, dass die Entscheidung Russland oder seinem Präsidenten geschadet hätte.

Niemand hat ihm das als Schwäche ausgelegt, sondern im Gegenteil eher als Stärke, dass er in der Lage war, hier eine endgültige Entscheidung zu treffen.

Die transatlantische Partnerschaft
vor neuen Herausforderungen

Die transatlantischen Beziehungen sind in keinem guten Zustand. Die NSA-Affäre und die Berichte über Folter durch die CIA im Antiterrorkampf sind nur zwei Beispiele für Entwicklungen, die die Europäer irritieren. Wie beurteilen Sie die Zukunft unserer Beziehungen zu den Vereinigten Staaten?

Bevor ich über die Zukunft spreche, möchte ich über die Vergangenheit reden. Als der Kalte Krieg zu Ende ging, habe ich mir sogleich die Frage gestellt, was dieses Ereignis für das Verhältnis der Vereinigten Staaten zu Europa bedeutet. Denn dieses Verhältnis war und ist existentiell für uns Deutsche und Europäer. Nach dem Zweiten Weltkrieg haben die USA eine völlig andere Rolle gespielt als nach dem Ersten Weltkrieg. 1918 verließen die Amerikaner, die den Ausgang des Weltkrieges durch ihr Eingreifen maßgeblich bewirkt hatten, Europa. Sie überließen den zerrütteten Kontinent weitgehend sich selbst. Das Ergebnis kennen wir. Es wurde nicht zuletzt durch die Versailler Entscheidungen der Siegermächte beeinflusst, die wegbereitend für Hitler und seine Politik der Volksverhetzung waren.

Dagegen reichte der amerikanische Außenminister James F. Byrnes mit seiner historischen Rede in Stuttgart im September 1946 den besiegten Deutschen die Hand und stellte ihnen nur ein Jahr nach Kriegsende die Wiedererlangung staatlicher Souveränität und wirtschaftliche Unterstützung in Aussicht. Diesen Startschuss für ein dauerhaftes amerikanisches Engagement in Europa löste er nicht irgendwo aus, sondern im besetzten Deutschland. Und er ließ keinen Zweifel daran, dass Deutschland nach amerikanischer Auffassung Teil des neuen Europa sein müsse, dem zu helfen Amerika versprach. Das war eine wegweisende Entscheidung, wie sich während des bald darauf einsetzenden Kalten Krieges in der unbeirrbaren Festigkeit der USA bei der Sicherung der Grenze mitten durch Deutschland und Europa und vor allem bei der Sicherung West-Berlins erwies.

Bis August 1952 lebte ich in der DDR. Dort hatten wir immer wieder Diskussionen im engsten Freundeskreis, wie es weitergehen solle mit Deutschland und mit Europa. Die einzige Zukunftsperspektive angesichts der sowjetischen Besatzungspolitik in Osteuropa sahen wir im Westen und in einer möglichst engen Zusammenarbeit mit den USA, in einem Bündnis der Demokratien. Das hielten wir, meine Freunde und ich, für unverzichtbar. Wir unterstützten deshalb die von Kanzler Adenauer betriebene Westpolitik der Bundesrepublik Deutschland. Hierin lag letztlich auch meine Entscheidung begründet, die DDR zu verlassen und in die Bundesrepublik überzusiedeln.

Vor diesem Hintergrund stellte sich für mich nach

dem Ende des Kalten Krieges die Frage: Was wird nun aus dem für uns so existentiellen transatlantischen Verhältnis? Werden die Amerikaner, wie nach dem Ersten Weltkrieg, aus Europa abziehen oder werden sie, wie nach dem Zweiten Weltkrieg, bleiben? Die Antwort war eindeutig. Ich fand dafür die Formulierung: Der Atlantik darf nicht breiter werden. Damals erwies sich, wie weise es war, den KSZE-Prozess unabdingbar mit der Teilnahme der USA zu verknüpfen. Das heißt im Klartext: Wer es ernst meint mit der gesamteuropäischen Friedensordnung, muss es ernst meinen mit der Teilnahme der USA an dieser Friedensordnung von Vancouver bis Wladiwostok. Gleichermaßen aber ist es für die Gestaltung des Zusammenlebens in diesem OSZE-Raum unabdingbar, Russland einzubeziehen. Alle Beteiligten, Amerikaner, Europäer und Russen, müssen sich von den Grundgedanken und Grundzielen der Charta von Paris leiten lassen.

Was nun die NSA-Affäre und andere jüngere Belastungen der transatlantischen Beziehungen betrifft, so geht es um den Kern der Atlantischen Allianz, die ihre Kraft und ihren Zusammenhalt aus der Werteordnung bezieht, auf deren Grundlage sie ins Leben gerufen wurde. Freiheit und Menschenwürde sind die Grundwerte, auf die sich die Mitglieder der Allianz verpflichtet haben. Darum geht es. Um nicht mehr und nicht weniger.

Ich gehöre einer Generation an, die den USA die Befreiung von der Hitler-Diktatur genauso verdankt wie den Schutz vor neuer Unfreiheit in der Zeit des Kalten Krieges. Hinsichtlich der neuen technologischen Entwicklungen, insbesondere ihrer in der NSA-Affäre zutage tretenden Schattenseiten, ist nicht nur Präsident Obama gefragt, sondern auch Europa. Will Europa als Zukunftslabor für eine neue, auf Menschenwürde und Menschenrechte gegründete Weltordnung einen ganzen Bereich außen vor lassen, der für die technologische Entwicklung der Welt entscheidend sein wird, nämlich den IT-Bereich? Die EU ist aufgerufen, eine große gemeinsame Anstrengung zu unternehmen, um Entwicklungen entgegenzusteuern, die die neue Weltordnung zu einer Weltüberwachungsordnung zu machen drohen.

Man muss es offen sagen: Bundeskanzlerin und Bundesaußenminister sind bis an den Rand der Selbstverleugnung gegangen, als sie durch ihre zurückhaltende Reaktion auf den NSA-Skandal der Führung in Washington die Möglichkeit eröffneten, die Sache angemessen und partnerschaftlich in Ordnung zu bringen. Das war nicht Leisetreterei, es war staatsmännische Verantwortung. Es ist offenkundig: Noch immer werden die Veränderungen in der Welt in Washington nicht realisiert. Noch immer spukt die überhebliche Vorstellung der Bush-Junior-Zeit herum, die bipolare Weltordnung des Kalten Krieges sei durch eine unipolare, auf Washington fokussierte und von dort dominierte Weltordnung abgelöst worden. Aber das ist schon nicht mehr die Welt von heute und erst recht nicht die von morgen. Alles entwickelt sich hin zu einer kooperativen Weltordnung und nicht zu einer imperativen. Je früher das in Washington erkannt wird, umso besser auch für die USA selbst.

Es muss uns besorgt machen, wenn wir die dramatisch

nachlassende Autorität Washingtons in der Welt beobachten. Das kann niemand wollen, schon gar nicht wir Europäer und erst recht nicht wir Deutsche. In einer neuen Weltordnung werden Gleichberechtigung und Ebenbürtigkeit der Völker und Nationen bestimmende Elemente sein. Europäer und Amerikaner sind nicht nur aufeinander angewiesen. Sie tragen auch gemeinsam die Verantwortung dafür, dass sich in dieser neuen Weltordnung Menschenrechte und Menschenwürde des Einzelnen genauso durchsetzen wie die Unabhängigkeit und Ebenbürtigkeit der Völker.

Richtig verstanden, sollten wir uns als Verwandte auf beiden Seiten des Atlantiks sehen. Unsere Beziehungen umfassen mehr und mehr alle Lebensbereiche. Aber wir werden mit unserem Bündnis nur dann erfolgreich sein, wenn wir entsprechend der Einsicht von John F. Kennedy die europäische Seite als den einen Pfeiler der transatlantischen Brücke sehen, die amerikanische Seite als den anderen. Wenn das der Fall ist, wird es funktionieren.

Für mich waren die transatlantischen Beziehungen immer auch ein wesentliches Element globaler Stabilität und ein unverzichtbares Element europäischer Sicherheit. Das wird auch so bleiben. Wobei persönliche Kontakte eine wichtige Rolle spielen. Unvergesslich ist für mich der 9. Oktober 2014, als ich am 25. Jahrestag der großen Freiheitsdemonstration von 1989 in Leipzig mit Henry Kissinger und James Baker zusammentraf, um an der Erinnerungsveranstaltung teilzunehmen. Kissinger war der erste der sechs Außenminister der USA, mit denen ich zusammengearbeitet habe, Baker der letzte.

Bedeutet die Hinwendung der USA nach Asien eine Abwendung von Europa?

Ich glaube nicht, dass mit einer Abwendung der Amerikaner von Europa zu rechnen ist. In Washington würde sich sehr bald die Auffassung durchsetzen, dass die transatlantische Partnerschaft als ein Stabilitätsraum in der globalen Entwicklung erhalten bleiben muss. Wir Europäer wollen das sowieso. Die Vereinigten Staaten würden sehr bald feststellen, dass ihre Hinwendung nach Asien große Schwierigkeiten mit sich bringen wird, weil dadurch unweigerlich ein Gegensatz zu China entsteht. Eine Reihe asiatischer Staaten ist heute besorgt über die Entwicklung in China. Doch die wird weiterhin von Zurückhaltung geprägt sein, weil China in seinem Grundverständnis noch sehr lange Zeit braucht, um seine Entwicklung in Frieden voranzubringen. Die chinesische Führung ist daran interessiert, den asiatischen Raum konfliktfrei zu halten. Ja, sie ist sogar daran interessiert, dass ein Land wie Russland, das asiatische und europäische Gebiete umfasst, nicht in Konflikte mit dem Westen hineingezogen wird. Die Vorstellung, sie könnten von den Gegensätzen zwischen Russland und dem Westen profitieren, liegt den Chinesen fern.

Derzeit lässt Russland eine zunehmende Anlehnung an China erkennen. Ob das zu fördern ein vorrangiges Ziel westlicher Politik sein sollte, darf man mit einem dicken Fragezeichen versehen. In einer Zeit, in der eine Gruppe wie die BRICS-Staaten sich anschickt, eine enorme wirtschaftliche und bald auch politische Kraft zu entfalten, empfiehlt es sich, den transatlantischen Raum als Kernraum zu erhalten, das heißt die enge Kooperation der USA und Europas. Dieser Kernraum, erweitert durch die Einbeziehung Russlands zum großen Raum von Vancouver bis Wladiwostok, kann politisch, wirtschaftlich und sicherheitspolitisch erhebliche Wirkungen entfalten. Ich bin nicht sicher, ob das überall gesehen wird.

Kann Europa über die wirtschaftlichen Beziehungen hinaus eine Rolle in Asien spielen?

In einer kooperativen Weltordnung wird auf Dauer niemand mehr eine dominierende Rolle spielen. Umso mehr werden sich auch große Staaten um kooperative Ziele bemühen. Hier gibt es zwar noch viel altes Denken, aber wir leben in einer Zeit, in der die Frage nach gleicher Augenhöhe zunehmend an Bedeutung gewinnt. Das Denken in kolonialen und postkolonialen Strukturen hat keinen Bestand mehr. Der Zusammenschluss großer Staaten wie die BRICS beweist, dass kooperatives Denken und Handeln keine Zukunftsmusik ist, sondern schon heute geltende Handlungsmaxime. Der große Vorteil Europas besteht darin, dass wir in der Europäischen Union längst gelernt und beherzigt haben, dass das Dominanzgehabe der Größeren gegenüber den Kleineren, das uns in die europäischen Bruderkriege gestürzt hat, keine Chance mehr hat. Die Völker Europas wollen das nicht mehr.

Nehmen die USA Europa überhaupt als internationalen Partner wahr?

Für die Vitalität der transatlantischen Partnerschaft ist es von außerordentlicher Bedeutung, dass wir über die Gestaltung der Beziehungen in einer globalisierten Welt einen partnerschaftlichen politisch-strategischen Dialog führen. Das mag von manchem diesseits und jenseits des Atlantiks belächelt, von anderen gar als Abfall vom Glauben an die europäisch-amerikanische Zusammenarbeit kritisiert werden. Es geht aber heute darum, diese für beide Seiten vitalen Beziehungen zukunftsfähig zu machen. Dafür brauchen wir eine gemeinsame sicherheitspolitische Strategie, wie wir sie in den 1960er Jahren mit dem Harmel-Bericht entwickelt haben, der Europa und Amerika den Weg aus dem Kalten Krieg wies. Einer solchen Strategie bedarf es heute wieder, nicht nur für das Verhältnis zu Russland, sondern genauso für die Beziehungen der transatlantischen Gemeinschaft zu anderen Teilen der Welt. Stichworte werden dabei wiederum sein: Kooperation statt Konfrontation und Begegnung auf Augenhöhe.

Kennedys Vision von Amerikanern und Europäern als gleichberechtigte Pfeiler der transatlantischen Partnerschaft entsprach der Haltung der Amerikaner in der ersten Nachkriegsphase, als sie die Einigung Europas förderten und unterstützten. Heute hört man Stimmen in den USA, bei denen man den Eindruck hat, dass sie die europäische Einheit nicht als wichtigen Faktor der Stärkung auch der amerikanischen Position betrachten, sondern im Gegenteil, dass sie lieber mit einzelnen Staaten Europas kooperieren und bilaterale Vereinbarungen treffen. Das kann auch für die USA nachteilige Wirkungen haben.

Bedeutet die multipolare Welt auch eine Welt verschiedener Wertesysteme? Erleben wir eine Relativierung der westlichen Werte?

Ich halte es für unabdingbar, dass sich alle Völker kulturell und politisch frei entfalten können. Zu dieser Freiheit gehört aber auch die Anerkennung der Regeln der Vereinten Nationen, die sich die Staatengemeinschaft mit deren Gründung gesetzt hat. Was den europäisch-amerikanischen Raum angeht, so hat zu gelten, was in der Charta von Paris vereinbart wurde.

China als der neue Global Player

Wenden wir uns China zu, das zur Großmacht aufsteigt. Sie sind schon sehr früh dorthin gereist und haben Gespräche geführt. Wie sehen Sie Chinas Rolle in der Welt?

Auf mich hat China immer einen großen Reiz ausgeübt. Offen gesagt: Es hat mich schon als Kind fasziniert. Unter ganz anderem Vorzeichen trat es dann nach dem Zweiten Weltkrieg immer stärker in meinen Gesichtskreis. Angesichts des Ost-West-Konflikts und angesichts der Teilung Deutschlands und Europas nahm ich immer bewusster zur Kenntnis, dass ganz offensichtlich die chinesische kommunistische Führung nicht oder nicht mehr bereit war, Moskau als den Vatikan des Kommunismus zu akzeptieren und Stalin als den roten Papst. Das heißt, die führende Rolle der Kommunistischen Partei der Sowjetunion wurde in Peking nicht mehr anerkannt.

Eines Abends sprach ich mit einem Abgeordneten meiner Partei – ich selbst war noch gar nicht Mitglied der Fraktion –, der China für die FDP entdeckt hatte. Er hatte bereits 1956 auf eigene Kosten eine China-Reise unternommen und später eine wichtige Rolle in der

Deutschen China-Gesellschaft gespielt, die das Ziel hatte, die Beziehungen zwischen China und Deutschland zu fördern. Ich wurde dann auch Mitglied. Es war Hermann Schwann, ein Landwirt aus Nordrhein-Westfalen, auf den China eine große Faszination ausübte. Er erhielt bundesweite Aufmerksamkeit, als er auf die Frage eines Journalisten, wer denn seine Reise nach China bezahlt habe, antwortete: »Ich habe dafür eine Kuh verkauft.« Die Deutsche China-Gesellschaft und der Abgeordnete Schwann gehörten zu denjenigen, die frühzeitig die Aufnahme diplomatischer Beziehungen zu China befürworteten, was ganz und gar meiner Meinung entsprach. Warum auch sollten wir ausgerechnet mit einem Land keine Beziehungen haben, das die europäische Einigung unterstützte und der deutschen Teilung nicht das Wort redete, vielmehr Deutschland mit Wohlwollen begegnete? Außerdem war es ein immer wichtiger werdendes Land. Das war schon damals erkennbar, zu Zeiten von Mao Tsetung, mit dem mich ideologisch nicht das Geringste verband, dessen großem Volk mit seiner alten und ehrwürdigen Kultur ich hingegen mit viel Respekt begegnete.

Einen Aspekt der chinesischen Politik verstand ich besonders gut, nämlich den Wunsch, die Zeit der Demütigungen, die die europäischen Kolonialmächte dem Land zugefügt hatten und weiter zuzufügen versuchten, zu beenden. Auch Deutschland hatte diesbezüglich, insbesondere mit den martialischen Reden Kaiser Wilhelms II., keine weiße Weste. Aber Nachkriegsdeutschland hatte keine offenen Rechnungen mit China, weshalb ich es sehr begrüßt habe, dass es nach unserem Eintritt in die Bundesregierung 1969 und nach der Übernahme des Außenministeriums durch Walter Scheel schließlich 1972 zur Aufnahme diplomatischer Beziehungen gekommen ist.

Ich kannte China bis dahin durch eigenen Augenschein nicht, bis ich dann überraschend im Herbst 1973 eine Einladung erhielt, das Land noch im selben Jahr zu besuchen. Ich war damals Bundesminister des Innern. Für kommunistische Regime waren Innenminister eigentlich ideologische Minister. Deshalb war die Einladung erstaunlich. Bei meiner Ankunft in Peking stellte ich fest, dass ich dort nicht als Innen-, sondern als Sportminister empfangen wurde. Die hatten einen Sportminister, und da ich auch für den Sport zuständig war, war der mein Gastgeber. Er holte mich am Flughafen ab, begleitete mich zu einer großen Zirkusveranstaltung in einem Stadion und verabschiedete mich am Flughafen. Im Übrigen war der damalige Außenminister mein Gesprächspartner, und mein Hauptgesprächspartner war Ministerpräsident Tschou En-lai, eine eindrucksvolle Persönlichkeit.

Wie beurteilen Sie die Rolle und Bedeutung der drei großen chinesischen Führer der jüngeren Zeit, Mao Tse-tung, Tschou En-lai und Deng Xiaoping?

Ich habe Mao nie getroffen, aber oft mit Helmut Schmidt, der den Vorzug langer Gespräche mit ihm hatte, über ihn gesprochen. Von Tschou En-lai, der für mich der bedeutendste Staatsmann des kommunistischen China gewesen ist, war ich tief beeindruckt und auch persönlich angetan. Beeindruckt haben mich vor allem die Selbstsicherheit und Würde, mit der er sein großes Land repräsentierte. Natürlich nutzte er alle Möglichkeiten des Gesprächs, um für sein Land und dessen Politik um Verständnis zu werben.

Wenn ich heute mit Chinesen rede, spüre ich immer wieder, wie viele Vorbehalte die Erwähnung des Namens Mao und wie viel Respekt der Name Tschou En-lai hervorruft. Dennoch waren es beide Persönlichkeiten gemeinsam, die China den Weg in eine Zukunft der Unabhängigkeit und neuen Größe eröffnet haben. Mao war der charismatische Führer, dem es vor allem um die Unabhängigkeit des Landes ging. Der Führungsrolle Moskaus im kommunistischen Lager hat er sich niemals untergeordnet. Ich glaube, dass er allein schon den Gedanken, China könne irgendeinem Lager zugehören, niemals akzeptiert hätte. Diese Unabhängigkeit, die sowohl Mao als auch Tschou En-Lai China bewahrten, eröffnete später die Möglichkeit für einen Prozess innerer Reformen. Ich bin allerdings nicht sicher, ob Mao solche Reformen im Auge hatte, als er 1958 die Kampagne des »Großen Sprungs nach vorn« auslöste. Sie brachte China keinen Schritt voran und endete in einer Katastrophe. Es war dann Deng Xiaoping, der verstanden hatte, wie wichtig es war, das Land friedlich zu entwickeln.

Diejenigen, die sich besorgt zeigen über die wachsende Stärke Chinas, sollten bedenken, dass eine Politik des Einhegens eines so riesigen Landes keinen Erfolg haben wird. Auch im Verhältnis zu China kann nur eine Politik der ebenbürtigen Kooperation erfolgreich sein und dauerhaft den Frieden sichern. China ist heute unverzichtbarer Akteur einer solchen globalen Kooperation. Wenn wir uns die Weltgeschichte ansehen, wird man das »Reich der Mitte« nicht unter den Ländern finden, die sich durch Kriege nach außen hervorgetan haben.

Was für Persönlichkeiten waren Tschou En-lai und Deng Xiaoping? Welche Erinnerungen an die beiden haben Sie?

Tschou En-lai habe ich nur einmal, dafür aber mehrere Stunden gesprochen. Es war anrührend, wie liebevoll er sich an seinen früheren Aufenthalt in Deutschland erinnerte, wo er Anfang der 1920er Jahre studiert hatte. Er erzählte mir, ein deutscher Wirtschaftsführer habe einmal ihm gegenüber die Stadt Kaliningrad erwähnt, worauf er zum Dolmetscher gesagt habe: »Kennen Sie eine deutsche Stadt mit dem Namen Kaliningrad?« – »Das ist Königsberg«, habe der Dolmetscher geantwortet, worauf er dem Wirtschaftsführer gesagt habe: »Mein Herr, wie können Sie mein Königsberg als Kaliningrad bezeichnen!« Er wollte damit bedeuten, wie stark er sich mit Deutschland verbunden fühlt. Übrigens bin ich bei diesem Besuch auch immer wieder mit dem damaligen chinesischen Außenminister zusammengetroffen, der in Tübingen studiert hatte.

Deng Xiaoping bin ich mehrmals begegnet. Besonders in Erinnerung ist mir das letzte Gespräch mit ihm, als ich ihn fragte, wie er die Politik Gorbatschows einschätze. Seine Antwort: Er halte Gorbatschows Politik der Öffnung und Umgestaltung, der Perestroika, für richtig. Falsch sei die Reihenfolge. Auf meine Frage, was er damit meine, sagte er: »Wenn Sie ein kommunistisches System umwandeln wollen, brauchen Sie einen starken Staat. Das heißt, Sie müssen mit der Reform der Wirtschaft beginnen, nicht mit der Reform des politischen Systems. Nur ein starker Staat kann Wirtschaftsreformen durchsetzen.« Dass ich als Liberaler das anders sah, wird nicht verwundern. Dengs Antwort zeigt, dass für ihn am Ende der Entwicklung nicht der starke kommunistische Staat stand und mit Sicherheit auch nicht die Einführung der freiheitlich-demokratischen Grundordnung unseres Grundgesetzes, wohl aber eine durch wirtschaftliche Öffnung innerlich gestärkte Gesellschaft.

Ich war immer dafür, dass man China als einen bestimmenden Faktor der Politik in Asien, und absehbar weltweit, ernst nimmt und versucht, die Beziehungen zu Peking in jeder Hinsicht zu entwickeln. Der Versuch einiger Interessierter, einen Keil zwischen die Sowjetunion und China zu treiben, war schon deshalb müßig, weil dieser Keil schon da war und spätestens durch den Grenzkonflikt am Ussuri 1969 jedermann offenkundig wurde. Auch konnte es nicht im deutschen Interesse liegen, dass man die Hinwendung zu China als Abwendung von Russland interpretierte. Übrigens ein Grundgedanke, dem nachzugehen sich gerade heute lohnt. Es fällt auf, dass manche unserer Entscheidungen, etwa die Aufnahme neuer Mitglieder in die NATO oder die Europäische Union, als gegen Russland gerichtet interpretiert werden, wo es sich eigentlich um Entscheidungen für das jeweilige Land handelt und für unsere eigenen Interessen, aber nicht gegen Russland. Übersehen werden darf dabei nicht, dass es sich hierbei weniger um russische Erfindungen handelt als vielmehr um Denkschablonen einiger westlicher Politiker, die die Welt noch nach den Kategorien des Für oder Gegen Russland aufteilen, was zur Zeit des Kalten Krieges eine gewisse Berechtigung gehabt haben mag, heute aber nicht mehr hat. Heute sind die Ursachen des machtpolitischen Antagonismus andere. Sie liegen in der Frage begründet, ob man die Welt unipolar oder multipolar sieht.

Für mich war früh klar, dass China schon von der enormen Bevölkerungszahl her eine zunehmend wichtige Rolle spielen würde. Bei späteren Begegnungen, insbesondere in den Gesprächen mit Deng Xiaoping, habe ich feststellen können, welch enorme Erneuerungsfähigkeit dieses Land mit seiner sehr alten Kultur hat und wie sehr man bereit ist, Überkommenes in Frage zu stellen und das Land fit zu machen für die Zukunft. Was, wenn man heute die wirtschaftliche und politische Entwicklung Chinas und seine Stellung in der Welt betrachtet, als gelungen bezeichnet werden kann – wobei man von den Chinesen lernen kann, dass Politik Geduld braucht. Eine alte Weisheit, der auch wir Deutschen Tribut gezollt haben. Für unser Ziel der Einheit in Freiheit haben wir lange arbeiten müssen.

Neben dem wirtschaftlichen Aufstieg Chinas beobachten wir den Ausbau der Rüstung mit großen Steigerungsraten, wenn auch noch lange nicht mit den amerikanischen Rüstungsausgaben vergleichbar. Zweitens beobachten wir, dass bei den territorialen Konflikten im Süd- und Ostchinesischen Meer, zum Beispiel zwischen China und Japan, Nationalismus wieder eine Rolle spielt, was immer gefährlich ist innerhalb einer Region. Wie beurteilen Sie den Aufstieg Chinas in strategischer Hinsicht?

Ich glaube, dass die wirtschaftliche Entwicklung des Landes für die chinesische Politik Priorität genießt und China nichts mehr scheut als eine militärische Auseinandersetzung, mit wem auch immer. Sie könnte das Land in seiner Entwicklung um Jahre, wenn nicht Jahrzehnte zurückwerfen. Und wenn wir die beachtlichen Fortschritte sehen, die China seit Deng gemacht hat, dann kann man wirklich nur sagen, dass es die richtige Strategie verfolgt. China wird heute wirtschaftlich, wissenschaftlich, politisch anders wahrgenommen als das China von 1973, als ich es zum ersten Mal besucht habe. Und was die Rüstung angeht, so muss man sehen, dass zu den Faktoren, die für seine Sicherheit eine Rolle spielen, einmal der große Nachbar Russland zählt, aber auch die Tatsache, dass die USA in der Region militärisch stark vertreten sind – mit Truppenstationierungen in Südkorea und auf den Philippinen und mit einer nuklear einsatzfähigen Flotte. Das sind Fakten, an denen auch ein Land – oder gerade ein Land – mit 1,3 Milliarden Einwohnern nicht vorbeigehen kann. Man stelle sich einmal vor, die Chinesen hätten in der Karibik eine Militärpräsenz, die vergleichbar wäre mit der amerikanischen in Ostasien.

China wird sich zunehmend seiner Stärke und Bedeutung bewusst. Man kann aber nicht sagen, dass seine Rüstung eine Bedrohung des Weltfriedens wäre. Immerhin ist

China bevölkerungsmäßig noch immer das stärkste Land der Welt und im Begriff, auch wirtschaftlich das stärkste zu werden, aber bei weitem nicht die stärkste militärische Macht. Wenn man eine Antwort auf die Rüstungsanstrengungen der Chinesen sucht, kann man sie nur in Rüstungskontrollbemühungen finden – übrigens ein Ratschlag, der überall in der Welt gilt. Es sei daran erinnert, dass der Durchbruch im vom Kalten Krieg überschatteten Ost-West-Verhältnis nur in Verbindung mit einem Abrüstungsabkommen möglich wurde, dem INF-Vertrag über nukleare Mittelstreckensysteme von 1987.

Wenn wir über globale Politik reden, muss sich jeder Teilnehmer an dieser globalen Politik nicht nur die Frage stellen, was seine Interessen sind, sondern auch, welche Wirkung das, was er tut, auf das Verhalten der anderen hat. Das ist für die Politik Europas auch gegenüber China wichtig. Man muss auch wissen, dass China Probleme mit nationalen Minderheiten hat. Und es steht vor großen Problemen bei der Bekämpfung der Korruption. Sie ist eine erhebliche Gefahr für das Regime, weil mancher der alten Kader die um sich greifende Korruption als Auswirkung der Reformpolitik brandmarkt, was in der Sache falsch ist, aber bei entsprechender Darstellung durchaus geglaubt wird. Das heißt, China braucht viel Zeit, und es entspricht seiner asiatischen Mentalität, sich diese Zeit zu nehmen.

Die amerikanische Regierung hat den Begriff des »Responsible Stakeholder« geprägt und damit die Erwartung an China geknüpft, eine verantwortliche Außenpolitik zu betreiben, das heißt, sich an der Lösung aktueller Konflikte – zum Beispiel Iran, Naher Osten, Nordkorea, aber auch globale Fragen wie der Klimawandel – zu beteiligen. Betreibt China eine verantwortliche Außenpolitik?

Ich glaube, dass Chinas Bereitschaft zu einer verantwortlichen Außenpolitik nicht zuletzt dadurch sichtbar wird, dass es außerhalb des asiatischen Raumes große Zurückhaltung übt. Jüngstes Beispiel konstruktiver Mitwirkung und zugleich außenpolitischer Zurückhaltung ist der erfolgreiche Abschluss der Verhandlungen mit dem Iran, an denen China als eine der Veto-Mächte des UN-Sicherheitsrates teilgenommen hat.

Chinas außenpolitische Stellungnahmen, aber auch sein Verhalten im Sicherheitsrat machen ganz klar, dass die chinesischen Ambitionen den asiatischen Raum betreffen. Es könnte aus der Anwesenheit der USA in der Region propagandistisch sehr viel machen, wenn es das wollte. Aber die Chinesen denken nicht daran, weil sie wissen, dass die Vereinigten Staaten zu den Global Players gehören und zur Stabilität im asiatischen Raum beitragen. Sie sind aber darauf bedacht, ihre, die chinesische Position im asiatischen Raum zu wahren. Das heißt, die Zusammenarbeit mit den Chinesen wird für alle, auch für die USA, so lange erfolgreich sein, wie sie von allen Beteiligten auf gleicher Augenhöhe stattfindet.

Wie beurteilen Sie das verstärkte Engagement Chinas in Afrika, immerhin in der näheren Nachbarschaft Europas?

Es würde in die Irre führen, ja es wäre im Zeitalter der Globalisierung ein verheerender Irrtum, wenn man das Engagement Chinas in Afrika als Bedrohung empfinden würde oder als expansiv. Wie kann man erwarten, dass China in Afrika unterlässt, was westliche Länder in Asien tun, nämlich sich wirtschaftlich und finanziell zu engagieren? Ich werde das Gefühl nicht los, dass manche Politiker und Beobachter Afrika erst über den Umweg Chinas entdeckt haben. In dem Augenblick, in dem Peking sich dort zu engagieren beginnt und seine Möglichkeiten ausspielt, hält man Afrika plötzlich für wichtig. Was dort geschieht, ist im Grunde ein Beispiel für das Zusammenwachsen in einer neuen Weltordnung. Das wird man in Europa, aber auch in den USA und in Südamerika zunehmend zu spüren bekommen. Wenn wir uns zur Globalisierung bekennen, dann können wir nicht Verfechter einer Teilglobalisierung sein oder – schlimmer noch – einer privilegierten westlichen Globalisierung, sondern dann müssen wir die gleiche Augenhöhe aller Teilnehmer akzeptieren. Der Begriff Globalisierung beinhaltet umfassende Geltung. Deshalb ist nur anzuraten, dass man China als Teil der internationalen Kooperation betrachtet.

Das gilt übrigens auch für die Teilnahme Russlands an der Gestaltung unserer Region, aber natürlich auch an der globalen Ordnung, weil es um mehr als nur Europa geht. Wir leben mit den Russen zusammen in einer Region, in der es auch noch Afrika und den Nahen und Mittleren Osten gibt. Es ist höchst beunruhigend zu sehen, wie viel Kraft wir für die Regelung innereuropäischer

Probleme verbrauchen, die wir eigentlich benötigen, um unseren Beitrag zur Stabilisierung der Regionen um uns herum zu leisten. Das setzt aber wiederum voraus, dass wir als Europäer das nötige Gewicht einbringen. Das beste Beispiel dafür, wie Europa sein Gewicht eingebracht hat, ist die KSZE. Sie ist von Europa aus, um es genauer zu sagen: von Deutschland aus betrieben worden und wurde zu einer echten Erfolgsgeschichte. Wir Deutschen und Europäer bringen Erfahrungen ein, die man nur haben kann, wenn man aus einer Mehrstaatenregion kommt. Erfahrungen, die zum Beispiel die USA nicht haben. Sie haben nur zwei Grenznachbarn.

Europa in der multipolaren Welt

Die Euro-Krise ist noch nicht überwunden, die europakritischen Parteien gewinnen an Stimmen. Wie geht es mit Europa weiter? Worauf kommt es an?

Wenn wir von Europa reden, so reden wir einmal über EU-Europa und einmal über Europa als Ganzes, beide sind nicht identisch. Wir müssen uns darüber verständigen, ob wir den europäischen Weg, der zu dem geführt hat, was wir gerade erst als 25. Jahrestag gefeiert haben, weitergehen wollen oder nicht. EU-Europa hat diese fünfundzwanzig Jahre genutzt. Ich halte es für eine der ganz großen Leistungen der europäischen Politik nach dem Fall der Mauer, dass sie die Völker, die sich friedlich selbst befreit haben, nicht mit ihren Problemen allein gelassen hat, sondern, soweit das erwünscht war, Mitglieder der Europäischen Union werden ließ. Das bedeutete die Bereitschaft zu europäischer Solidarität, die in vielfacher Weise vergolten worden ist, gerade für ein exportorientiertes Land wie Deutschland, durch den größeren Markt mit all seinen Chancen. Immerhin geht der größte Teil unserer Exporte in Länder der Europäischen Union.

Europa hat die Zeit seit dem Mauerfall gut genutzt, was seine Erweiterung, aber auch, was seine Vertiefung angeht. Zwar waren die Grundentscheidungen für die Europäische Währungsunion schon vor der Wende gefallen, aber dass sie nach der Wende konsequent weitergeführt wurden, war keine Selbstverständlichkeit. Das heißt, das Bewusstsein der europäischen Identität, eine große Errungenschaft aus der Zeit vor dem Fall der Mauer, hat sich auf das Europa jenseits des ehemaligen Eisernen Vorhangs übertragen.

Aber der Kontinent Europa ist nicht die Welt. Die Welt außerhalb Europas hat sich auch verändert. Das, was wir mit Globalisierung bezeichnen, ist eine weltweite Nachbarschaftsordnung. Sie bringt neue Herausforderungen und neue Chancen für alle Länder. Darauf muss sich auch Europa einstellen. Es zeigt sich, dass ein regionaler Zusammenschluss wie die EU in immer mehr Regionen der Welt als die einzige Chance mittlerer und kleinerer Staaten gesehen wird, ihre Interessen wahrzunehmen.

Gerade für Deutschland wird deutlich, welche Chancen dieser europäische Einigungsprozess eröffnet. Wir sind ein Land mit achtzig Millionen Einwohnern, wir sind das größte Land in der EU. Aber globales Gewicht haben wir nur, weil wir Teil von fünfhundert Millionen Europäern sind. Wären wir es nicht, würden wir in den großen Fragen der Weltpolitik viel weniger gehört werden. Aber nicht nur wir, vor allem die kleineren Mitglieder gewinnen als Teil dieses größeren Europa an Gewicht, um für die globalen Herausforderungen gewappnet zu sein. Man sollte in diesem Zusammenhang nicht übersehen, dass Deutschland in der Mitte Europas das Land mit den meisten Nachbarn ist und für eben diese Nachbarn als Mitglied einer Gemeinschaft leichter zu verkraften, als wenn es der Große in der Mitte der Kleinen wäre, der diese Größe jederzeit ohne Regeln auszuspielen vermöchte.

Ein Rückbau Europas, das Aufgeben der Idee des gemeinsamen europäischen Hauses würde automatisch eine Selbstentmachtung bedeuten, und das wäre eine gefährliche Entwicklung für unseren Kontinent – eine Gefahr, über die die Politik mit den Bürgern diskutieren muss. Europa ist eben mehr als ein Zusammenschluss zum gemeinsamen Vorteil. Es ist eine große Zukunftschance für die Menschen in diesem Teil des eurasischen Kontinents und für die Partnerschaft mit den nordamerikanischen Demokratien. Die EU als globaler Faktor muss die Fähigkeit zu einer globalen Nachbarschaftspolitik entwickeln, was auch bedeutet, dass sie ihr Verhältnis zu Russland ähnlich intensiv gestaltet wie zu anderen östlichen Nachbarn.

Sie haben die globale Rolle Europas angesprochen, also den Platz, den Europa in der multipolaren Welt einnimmt. Welche Rolle kann denn Europa als Akteur spielen, etwa in Asien, im Nahen Osten oder in Osteuropa, wo neue Trennungslinien entstanden sind?

Wir müssen davon ausgehen, dass die neue Weltordnung langfristig multipolar sein wird. Wir müssen uns also die

Frage stellen, wer die Akteure des 21. Jahrhunderts sein werden. Es werden große Staaten sein – Brasilien, China, Indien, die USA und Russland –, aber auch mittlere und kleinere Staaten, die zunehmend erkennen, wie weitsichtig das Modell der Europäischen Union ist. Sie ist, mit großem Erfolg bisher, ein Versuchslabor für die Herausforderungen, die eine immer dichter besiedelte, immer durchlässigere, immer mehr durch Flexibilität gekennzeichnete Welt für uns alle bedeutet und die wir nur gemeinsam meistern können.

Kann Europa in Asien eine Rolle spielen? Gibt es da nicht Grenzen, die darin liegen, dass manche das europäische Modell der regionalen Integration, der demokratischen und rechtsstaatlichen Verfassung nicht akzeptieren? Wird die Rolle Europas in Asien nur eine wirtschaftliche sein oder auch eine politische, gar eine militärische?

Sie muss zuallererst eine politische und ökonomische sein, denn Europa muss daran interessiert sein, dass bei einer immer enger zusammenwachsenden Welt Spannungen in anderen Teilen der Welt vermieden werden. Wenn man bedenkt, dass eine amerikanische Hypothekenkrise die ganze Weltwirtschaft in eine schwere Finanzkrise stürzt, dann kann man sich vorstellen, dass eine militärische Auseinandersetzung in anderen Teilen der Welt zumindest vergleichbare Wirkungen zeitigt. Es muss also unser elementares Interesse sein, dass es in Asien oder anderswo zu einem kooperativen Verhalten kommt. Wie das im Einzelnen ausgestaltet wird, hängt maßgeblich von den kulturellen und politischen Traditionen dieser Länder ab. Da gibt es ja auch in Europa Unterschiede, wie wir wissen. Aber die gibt es noch sehr viel ausgeprägter anderswo in der Welt.

Was die Frage der militärischen Präsenz in Asien betrifft, so haben wir gesehen, dass beim G20-Gipfel in Australien im November 2014 der russische Präsident Kriegsschiffe in die Region geschickt hat, in der das Treffen stattfand, vermutlich mit dem Argument, dass die Amerikaner ja auch dort sind. Es kann nicht der Ehrgeiz Europas sein, dort militärisch präsent zu sein. Europa muss mit seinen politischen und ökonomischen Möglichkeiten dahingehend Einfluss nehmen, dass es auch in diesen Teilen der Welt zu kooperativem Verhalten kommt. Das meine ich mit »Versuchslabor«, weil der Geist der Kooperation ein europäischer Exportartikel ist. Es ist ja bemerkenswert, dass die Welt heute mit Interesse auf den Weg Europas blickt. Unser europäisches Erfolgsmodell wird zu Hause gern unterschätzt, in der übrigen Welt hingegen überschätzt.

Aber alles das ist nicht eine Frage militärischer Aktivitäten. Das ist altes Denken. Neues Denken weiß, dass die Zukunft bestimmt wird von der technologischen Entwicklung, von Bildung und Wissenschaft. Zur Globalisierung gehört als zentrale politische Aufgabe, den Menschen überall in der Welt zu gewährleisten, dass sie in ihrer jeweiligen Heimat ihre Zukunftschancen nutzen können, nicht zuletzt, weil das der einzige dauerhafte Weg ist, um Massenflucht und Umsiedlungsbewegungen zu verhindern. Das ist nicht dadurch zu erreichen, dass man sie verbietet oder Küsten zu Grenzen oder Grenzen zu Mauern macht, sondern indem man die weltweit bestehenden Unterschiede im Lebensstandard oder in Fragen der sozialen Gerechtigkeit schrittweise abbaut. Früher haben die Menschen in Afrika, in großen Teilen Asiens, aber auch in Lateinamerika davon gehört, wie gut der Lebensstandard in Europa und in den USA ist. Heute hören sie nicht nur davon, sondern sehen es im Fernsehen. Im letzten Dorf steht ein Fernsehgerät, dem man die Lebensbedingungen in den Staaten des Nordens entnehmen kann – die manchmal sogar besser erscheinen, als sie wirklich sind. Das schafft Begehrlichkeiten, die man nicht verbieten kann, sondern denen man durch Angleichung der Lebensverhältnisse begegnen muss.

Sie sprechen immer wieder von der Welt-Nachbarschaftsordnung. Was meinen Sie genau damit?

Wenn man vor fünfzig oder hundert Jahren über Nachbarn gesprochen hat, ging es um Länder, mit denen man eine gemeinsame Grenze hatte. Inzwischen sind wir im Rahmen der neuen Weltordnung nach dem Ende des Kalten Krieges in ein Stadium eingetreten, in dem deutlich wird, dass es eine Art Schicksalsgemeinschaft der gesamten Weltbevölkerung gibt. Daraus ergibt sich eine gemeinsame Verantwortung. Das ist auch für die deutsche Politik von Bedeutung. Manche, die von einer neuen Verantwortung der Deutschen sprechen, glauben, dass Deutschland sich einer neuen Lage gegenübersieht. Das ist richtig, aber nur Deutschland zu sehen ist falsch, denn alle anderen sehen sich den gleichen Herausforderungen der Globalisierung gegenüber wie wir. Wie wir sind sie Akteure und Betroffene des Globalisierungsprozesses.

Es gibt heute Entwicklungen, die uns unmittelbar betreffen, obwohl sie ihre Ursachen in ganz anderen Teilen der Welt haben. Im Grunde erleben die Staaten des Nordens heute das, was die Staaten des Südens schon lange kennen: dass Konflikte auf der einen Halbkugel unmittelbare Auswirkungen auf der anderen haben. Ein ganz praktisches Beispiel, das Europa betrifft, aber auch die ganze Welt, ist die Flüchtlingsbewegung aus Afrika. Sie stellt einen Vorgang dar, den wir aus der Geschichte des Nordens kennen, nämlich aus der Zeit der Landflucht, als es die Menschen in die Städte zog, hin zu neuen, modernen Arbeitsplätzen, zu neuen, modernen Lebensumständen. Die Frage ist, ob das als Weltproblem verstanden wird oder ob die Länder, die keine unmittelbare Verbindung mit Afrika haben, sagen: das ist eure Sache in Europa, ihr seid die Nachbarn.

Auf jeden Fall hat man die Länder am Südrand der Europäischen Union viel zu lange allein gelassen mit der Flüchtlingsproblematik. Und heute wird über die Frage, was mit den Flüchtlingen geschieht, nur unter dem Gesichtspunkt der Seenotrettung geredet. Es wird darüber geredet, wie man verhindern kann, dass zu viele kommen, aber nicht darüber, wie erreicht werden kann, dass die Menschen gar nicht erst wegwollen, sondern dass sie bessere Perspektiven zu Hause haben. Diese Flüchtlingsproblematik ist in ihrem Kern die Folge geschichtlicher, auch

mit der europäischen Kolonialpolitik verbundener Entwicklungsfragen im afrikanischen Raum und keine Grenzsicherungs- und Menschenrettungsfrage. Bei der Lösung dieses Problems muss sich globale Solidarität erweisen.
Wobei ich hier von den Armutsflüchtlingen spreche, die es zunehmend auch in Asien gibt, und nicht von den Kriegsflüchtlingen aus dem Nahen Osten. Das ist ein eigenes, sehr bedrückendes Thema, eine Folge des Zusammenbruchs der Ordnung im Nahen Osten. Auch dieses Problem lässt sich nur international lösen – hoffentlich schneller als das der ungleichen Lebensverhältnisse in Nord und Süd.

Ist nicht die europäische Erfahrung gerade der letzten Jahre - Irak, Afghanistan, Nordafrika –, dass es äußerst schwierig ist, ein Land, das eine ganz andere Geschichte und Kultur hat, von außen zu stabilisieren? Das ist doch die eigentliche Erfahrung, dass unsere Möglichkeiten hier sehr begrenzt sind.

Ohne Zweifel. Wobei man sehen muss, dass die beiden Regionen, über die wir sprechen, Naher und Mittlerer Osten einerseits, Afrika andererseits, ganz unterschiedliche Reaktionen erfordern. Das gilt selbst für Afrika allein. In den afrikanischen Ländern, die muslimisch geworden sind, ist die Lage komplizierter als in denjenigen, die es nicht geworden sind. Die Frage ist, wie kann man die Probleme lösen. Wenn die Lösung gesucht wird durch Schaffung von Einflussgebieten verschiedener globaler Akteure, dann wird es bloß die Verlagerung eines Kriegsschauplatzes sein, dann werden die Spannungen der etablierten Staaten des Nordens in die südlichen Krisenländer verlagert, wie es schon während der Kolonialzeit und während des Kalten Krieges der Fall war. Das kann und darf nicht mehr die Lösung sein.

Heute stellt sich die Frage, wie die Staaten, die sich als etabliert darstellen, unabhängig davon, ob sie demokratisch sind oder nicht, sich dieser neuen Herausforderung der Armutsflüchtlinge stellen. Machen wir das gemeinsam – Chinesen, Russen, Europäer, Amerikaner – oder nicht? Denn die Gefahr des Zerfalls von Staaten, der Entstaatlichung des Krieges, der Bewaffnung unkontrollierbarer Gruppen religiöser Fanatiker wie des IS oder von Boko Haram ist enorm. Ebenso die Gefahr, dass solche Gruppen an atomare oder chemische Waffen kommen und sie auch wirklich einsetzen. Dieser Gefahren Herr zu werden, ist keine europäische, auch keine nur westliche Aufgabe, sondern eine der gesamten Staatengemeinschaft.

Europa und der Nahe Osten

Im Nahen Osten beobachten wir die Auflösung der Ordnung, die am Ende des Ersten Weltkrieges geschaffen wurde. Welche Rolle kann Europa in seiner südlichen Nachbarschaft spielen? Mit welchen Akteuren wird es die Europäische Union in Zukunft dort zu tun haben?

Wichtig ist, dass sich die Europäische Union über ihr Verhältnis zum Nahen und Mittleren Osten klar wird. Das Mittelmeer ist heute nichts Trennendes, sondern etwas Verbindendes. Das sind keine entfernten Gebiete, sondern es ist eine unmittelbare Nachbarschaft. Eine Nachbarschaft besonderer Art, nicht nur wegen der geographischen Nähe, sondern auch wegen der zwar unterschiedlichen, gleichwohl uns verbundenen kulturellen und religiösen Entwicklung, schließlich auch wegen der Spätfolgen des europäischen Kolonialismus im mediterranen Raum. Denn wir erleben heute, wie höchst willkürliche Grenzziehungen nach dem Ersten Weltkrieg Staaten geschaffen haben, denen es an innerem Zusammenhalt fehlt. Das war eine Entwicklung, die man schon seit langem erkennen konnte, auch an der geringen

Handlungsfähigkeit der Arabischen Liga. Außerdem bemühten sich sowohl der Westen als auch die Sowjetunion, Einfluss auf die Entwicklung dieser Region zu nehmen, und die Staaten dieser Region wiederum suchten Anlehnung an die sowjetische oder westliche Seite, wobei sie bei der westlichen Seite immer deutlichere Unterschiede machten zwischen der Anlehnung an die Europäische Union oder an die Vereinigten Staaten von Amerika.

Es kommt ein weiterer Punkt hinzu, nämlich die besondere Entwicklung im Iran. Diese habe ich stets mit großer Aufmerksamkeit beobachtet, weil mir immer klarer wurde, dass die westliche Welt mit Blick auf den Mittleren und Nahen Osten kaum einen Unterschied machte zwischen der arabischen Welt und dem Iran. Auch wurde die Frage, wie lange das Regime des Schahs Bestand haben würde, immer aktueller. Die Bemühungen der Sowjetunion, Einfluss im Iran zu gewinnen, waren unübersehbar, und auf der anderen Seite gab es eine sehr kurzsichtige Politik des Westens, der praktisch eine – vom Schah dann auch eingeräumte – Vasallenfunktion des Iran verlangte. Das wurde besonders deutlich bei der Entmachtung von Ministerpräsident Mohammad Mossadegh 1953, der die nationalen Interessen des Landes zu wahren versuchte und damit auf erheblichen Widerstand seitens der USA und Englands stieß.

Die USA haben sich ja auch an der Entmachtung beteiligt.

Ja, es war praktisch die Ausführung einer Erwartung der USA, dass er entmachtet wurde. Insofern war für mich die

Verjagung des Schahs keine Überraschung, denn sein Regime wurde seitens der iranischen Opposition als amerikahörig gebrandmarkt. Was mich aber doch überrascht hat, war die Tatsache, dass sich der Revolutionsführer Ajatollah Khomeini mit seinen Leuten sofort durchsetzen konnte. Es wurde deutlich, dass das Regime der Mullahs so tief im Volk verankert war, dass die Mehrheit dem neuen Regime folgte. Ein Iraner hat mir einmal erklärt, dass es sich um eine Revolution »on tape« gehandelt habe. Das heißt, man hatte durch die Versendung von Predigten Khomeinis, die überall in den Basaren vom Tonband abgespielt wurden, das Land erobert.

Der Aufmarsch der deutschen Wirtschaft und Politik in Teheran während der Schah-Zeit war beachtlich. Ich wurde Anfang der siebziger Jahre als Innenminister eingeladen und lehnte die Einladung – gerade als Innenminister – ab, weil ich der Meinung war, das Schah-Regime werde nicht von Dauer sein. Wir müssten uns darauf einstellen, es bald mit neuen Leuten zu tun zu haben. In der Zeit der Besetzung der US-Botschaft in Teheran durch Gefolgsleute Khomeinis und der Geiselnahme von zweiundfünfzig US-Diplomaten schickte das neue Regime einen Abgesandten zu mir mit der Bitte, einen Kontakt zur amerikanischen Führung herzustellen. Er bat mich, die Rolle des Vermittlers zu übernehmen. Ich rief US-Außenminister Edmund Muskie an und sagte: »Bei mir sitzt jemand, der mit euch verhandeln will. Er möchte mit jemandem reden, der bevollmächtigt ist, über alle Fragen der Botschaftsbesetzung zu verhandeln.«

Man kann sich vorstellen, welchen Eindruck dieser

Anruf in Washington machte. Muskie sagte, er wolle mich in einer Stunde zurückrufen. Es dauerte aber nicht eine Stunde, sondern genau zwanzig Minuten, nämlich so lange, wie er mit dem Auto vom State Department zum Weißen Haus unterwegs war. Dann klingelte das Telefon, aber am Apparat war nicht Edmund Muskie, sondern Jimmy Carter, der Präsident. Ich versicherte ihm, mein Gesprächspartner sei absolut seriös. Daraufhin benannte er Warren Christopher als Gesprächspartner, damals Staatssekretär, später Außenminister. Unter höchster Diskretion wurde ein Flug von Christopher nach Bonn vereinbart. Ich hatte mir überlegt, dass man ihn mit seinen Leuten in Schloss Gymnich unterbringt und wir dort auch die Gespräche führen. Irgendein Journalist hatte das mitbekommen und fragte bei uns an, worauf der Pressechef wahrheitsgemäß sagte, ihm sei nichts bekannt von der beabsichtigten Anwesenheit von Christopher. Ich habe daraufhin die Gespräche in das Gästehaus des Auswärtigen Amtes auf dem Bonner Venusberg verlegt, wo die Amerikaner auch übernachten konnten. Dieser Ort garantierte größte Verschwiegenheit.

Für uns war die Übernahme der Rolle eines Vermittlers nicht ohne Risiko. Dennoch war auch Bundeskanzler Schmidt, den ich sofort informiert hatte, der Meinung, wir dürften uns dieser Aufgabe nicht entziehen. Die Geiselnahme war eine schwere Demütigung unserer amerikanischen Freunde und wirkte tief hinein in den US-Wahlkampf für die im November 1980 stattfindenden Präsidentschaftswahlen.

Mein Büroleiter war bei den Gesprächen nicht nur

»note taker«, sondern auch Chef-Steward, verantwortlich für Getränke und Verpflegung. Übersetzt wurde aus dem Englischen ins Deutsche und aus dem Deutschen ins Farsi. Wir sind dann rasch zu einer Vereinbarung gekommen, was angesichts der komplizierten Fragen, die zu lösen waren, erstaunlich war. Schließlich sollten die Geiseln am Donnerstag, den 2. Oktober, mit einer deutschen Militärmaschine aus Teheran ausgeflogen werden. Sie sollten nach Frankfurt gebracht und dort von uns an die Amerikaner übergeben werden. Kurz vor dem Abflugstermin in Teheran wurde das Unternehmen abgesagt, nicht definitiv, aber für den vorgesehenen Zeitpunkt. Mein Gesprächspartner erklärte mir, Khomeini sei zu der Auffassung gelangt, dass hinter dem inzwischen von Saddam Hussein erklärten Krieg gegen den Iran der Teufel Carter stecke. Der solle erst einmal die Präsidentschaftswahl verlieren. Am Tag der Amtseinführung des neuen Präsidenten werde dann die Freilassung der Geiseln erfolgen. So geschah es. Der neue Präsident Ronald Reagan sandte seinen Vorgänger nach Frankfurt, der dort die Geiseln begrüßte und die deutsche Mitwirkung bei der Freilassung hervorhob.

Die Bemühungen in dieser Frage haben mein Interesse am Iran und mein Verständnis seiner Besonderheiten nur noch verstärkt. Bei allen Absonderlichkeiten, die es am Anfang der islamischen Revolution gegeben hat, zeigt sich heute, wie die Zivilgesellschaft zunehmend umzugehen weiß mit den religiösen Auffassungen des Regimes und den Regeln, die dort gelten. Das Land ist ein wichtiger Faktor im Mittleren Osten, der nicht zu vernachlässigen ist und den man als solchen behandeln sollte. Die gerade erfolgreich abgeschlossenen Verhandlungen über die Atomfrage, geführt von der Fünf-plus-Eins-Gruppe (die ständigen Mitglieder des UN-Sicherheitsrates plus Deutschland), folgen dieser Einsicht. Die Teilnahme Deutschlands als gleichberechtigter Partner in diesen Verhandlungen ist der Tatsache zu verdanken, dass wir nicht nur keine Atomwaffen besitzen, sondern im Zwei-plus-Vier-Vertrag völkerrechtlich auf sie verzichtet haben. Unsere Mitwirkung, die ich als gerechtfertigt und ehrenvoll erachte, hat sich als segensreich erwiesen. Das positive Ergebnis der langwierigen Verhandlungen wäre ohne die Beteiligung Deutschlands nicht erreicht worden. Insgesamt muss man feststellen, dass sich einige westliche Staaten bei der Einschätzung der Akteure in dieser Region nicht durch große Sachkenntnis ausgezeichnet haben. Der Iran wird immer eine wichtige Funktion in dieser Region beanspruchen, und das umso mehr, je stärker fremde Mächte dort Einfluss ausüben wollen. Die Verständigung in der atomaren Frage kann den Weg zu einer Zusammenarbeit auf vielen Gebieten ebnen.

Es ist hochinteressant, wer gegen die Bemühungen, die Nuklearfrage mit dem Iran zu lösen, Attacken geritten hat. Das war der israelische Ministerpräsident Benjamin Netanjahu, und es waren bestimmte Kräfte in den USA. Nach meiner festen Überzeugung – und das entspricht meiner inneren Haltung zu Israel – ist diese Abwehrhaltung keine Politik, die im Interesse der Israelis liegt. Ich würde mich nie positiv äußern zu einer Entwicklung, die ich als nachteilig für Israel betrachte. Aber ich glaube, dass Netanjahus Politik gegenüber dem Iran letztlich für Israel nachteilig ist.

Dass auch unter den heutigen angespannten Verhältnissen in der Welt eine internationale Kooperation wie bei den schwierigen Verhandlungen mit dem Iran möglich ist, stimmt zuversichtlich. Dabei sollte man nicht außer Betracht lassen, dass es hier auch eine konstruktive Zusammenarbeit mit Russland gab. Sollte es sich nicht doch lohnen, diese Zusammenarbeit auch in anderen Bereichen zu suchen?

Verliert angesichts der Kriege im Irak und in Syrien, in Libyen und im Jemen der israelisch-palästinensische Konflikt an Bedeutung?

Der Westen muss erkennen, dass eine Stabilität im nahöstlichen Raum nicht erreichbar sein wird, solange der israelisch-arabische Konflikt, solange die palästinensische Frage ungelöst ist. Daran führt kein Weg vorbei. Wobei die deutsche Politik auch gegenüber diesem Konflikt immer unserer Vergangenheit Rechnung tragen muss. Diese Haltung haben wir konsequent durchgesetzt. Ich habe mich in unserer Nahostpolitik immer von der Verantwortung, die wir als Deutsche gegenüber Israel tragen, leiten lassen.

In meiner Zeit als Außenminister spielte das Verhältnis Deutschlands zur PLO und zum PLO-Chef Jassir Arafat eine große Rolle. Meinen israelischen Kollegen habe ich nicht verhehlt, dass ich ihr Verhalten gegenüber der PLO und Arafat in der Sache für falsch hielt, dass aber die deutsche Geschichte uns auferlege, in einer Frage, die für Israel elementar sei, uns nicht gegen Israel zu stellen, selbst wenn wir die Lage anders einschätzen. Das dürfe uns aber nicht daran hindern, unsere Haltung klarzumachen, dass das Recht auf Selbstbestimmung für das palästinensische Volk genauso gelten muss wie für alle anderen Völker auch. Deshalb war es ein bedeutsamer und auch mutiger Schritt, dass Deutschland als erstes Mitgliedsland der Europäischen Gemeinschaft vor den Vereinten Nationen das Selbstbestimmungsrecht des palästinensischen Volkes anerkannte, und zwar schon im Jahre 1974. Ich war im Mai Außenminister geworden, und gegen Ende des Jahres haben wir vor der UNO eine entsprechende Erklärung abgegeben.

Auch habe ich zusammen mit meinem französischen Kollegen Jean François-Poncet – es war die Zeit von Helmut Schmidt als Bundeskanzler und Valéry Giscard d'Estaing als französischer Staatspräsident – die Venedig-Erklärung entworfen, die auf eine Zwei-Staaten-Lösung hinzielte. Sie ist bis heute nicht erfüllt. Auch wenn wir mit dieser Erklärung den Palästinensern weit entgegengekommen sind, habe ich unseren israelischen Freunden immer gesagt, dass wir in unserem Verhältnis zur PLO ihre Interessen wahren würden und sie sich auf uns verlassen könnten. Ich habe deshalb auch mit Arafat, solange ich Außenminister war, keine Gespräche geführt. Ich habe den Ständigen Vertreter der Palästinenser in Bonn getroffen, Abdallah Frangi, habe ihn aber nicht als Außenminister im Außenministerium empfangen, sondern als Parteivorsitzender im Parteihaus der FDP.

Kurz nachdem ich Außenminister geworden war, kam der Generalsekretär der Arabischen Liga zu einem offiziellen Besuch nach Bonn und gab im Hotel Königshof einen Empfang. Da standen die Vertreter der Mitgliedsstaaten der Arabischen Liga alle in einer Reihe, ich habe sie alle begrüßt, sie stellten sich mir vor. Der letzte in der Reihe erklärte:»Ich bin der Vertreter der PLO. Sie werden sich erinnern, Herr Außenminister, dass Sie mich als Innenminister ausgewiesen haben.«

Es war in der Tat so, dass wir nach dem Attentat auf die israelische Olympiamannschaft in München 1972 eine Reihe von Maßnahmen ergriffen hatten, darunter die Ausweisung Frangis, weil die Attentäter mit ihm ein Telefongespräch geführt hatten. Er hat dann gegen diese Ausweisung geklagt und Recht bekommen. Nun war er also wieder da. Ich antwortete ihm:»Da haben Sie Glück gehabt, dass ich nicht mehr Innenminister war, sonst hätten Sie den Prozess nicht gewonnen.« Das war rückblickend gesehen nicht fair gegenüber meinem Nachfolger als Innenminister, Werner Maihofer, der als Professor des Staatsrechts von sich behaupten konnte, der bessere Jurist zu sein. Dafür hielt ich ihn auch.

Europa muss sich bewusst sein, dass es eine Stabilisierung der Lage im Nahen Osten nicht geben kann ohne die Überwindung des israelisch-palästinensischen Konflikts. Das ist ja auch die Haltung der amerikanischen Regierung. Ich weiß nicht, wie die innere Entwicklung in Israel in dieser Frage weitergehen wird. Auf jeden Fall wird es wichtig sein, dass Europa Position bezieht, weil es dann mäßigend einwirken kann. Wir sollten versuchen, die innere Konsolidierung der arabischen Staaten zu fördern, was nicht einfach sein wird, weil die revolutionären Entwicklungen im arabischen Raum unterschiedliche Zielrichtungen haben, die wir nicht beeinflussen können. Wir können immer nur versuchen einzuhegen, was an Konflikten da ist, damit nicht ein neuer Flächenbrand in der Region entsteht und positive Ansätze behindert.

Die Chance für eine Zwei-Staaten-Lösung ist derzeit sehr gering, auch wegen des Verhaltens der israelischen Regierung. Wer nach Tel Aviv reist, bekommt den Eindruck, dass diese Lösung kaum mehr eine Rolle spielt in der offiziellen Politik. Die Siedlungspolitik wird trotz der Einwände von Europäern und Amerikanern unvermindert vorangetrieben. Wie sollte sich die Bundesrepublik in dieser Situation verhalten? Die Bundeskanzlerin hat ja erklärt, dass Israels Sicherheit Teil der deutschen Staatsräson sei.

Ich glaube, dass die Grundhaltung der deutschen Politik, die Zwei-Staaten-Lösung zu unterstützen, in der Sache richtig ist. Deutschland kann in dieser Frage wegen des geschichtlich belasteten Verhältnisses zu Israel keine darüber hinausgehende aktive Rolle spielen. Es gehört zur Aufrichtigkeit dazu, auf die Israel Anspruch hat, deutlich zu sagen, was wir für richtig halten. Aber wir können nicht diejenigen sein, die im Rahmen der EU oder in anderem Rahmen eine Initiative anführen oder auch nur betreiben, die dem, was die jeweilige israelische Regierung tut, fundamental entgegengesetzt ist. Wir haben ja durchaus auch Phasen erlebt, wo Israel in dieser Frage schon sehr viel weiter war.

Die Nachricht der Ermordung von Ministerpräsident Yitzhak Rabin war für mich ein Schock. Ich hatte ihn in den achtziger Jahren kennengelernt, als er Verteidigungsminister war. Auch seine Familie kannte ich. Für mich war er ein israelischer Patriot mit großem Verständnis für die Situation der Araber, insbesondere der Palästinenser. Der Erste, bei dem mir eine solche Haltung begegnete, war mein erster israelischer Kollege Jigal Allon, ein Mann, der aus der Kibbuz-Bewegung kam. Er hat meine Frau und mich ins Kibbuz eingeladen, wo wir auch gewohnt haben. Auch er war wahrhaftig ein israelischer Patriot, aber wie Rabin zutiefst überzeugt von der Notwendigkeit, dass Israel ein tragfähiges, in die Zukunft weisendes Verhältnis zu seiner arabischen Nachbarschaft entwickelt. Es ist ja nicht nur eine geographische, sondern auch eine religiös geprägte Nachbarschaft. Dagegen anleben zu wollen, ist weniger aussichtsreich, als sich zu bemühen, mit einer solchen Umgebung zu leben. Das war die Philosophie von Rabin, aber auch von Allon und Schimon Peres. Insofern war es sehr verdient, dass Peres wie auch Rabin mit dem Friedensnobelpreis ausgezeichnet wurden.

Die deutsche Außenpolitik gesteht auch Saudi-Arabien eine wichtige Rolle zu. Das wurde nicht zuletzt deutlich in den Diskussionen über deutsche Waffenlieferungen, die Riad in die Lage versetzen sollten, zur regionalen Sicherheit beizutragen. Saudi-Arabien ist eine Diktatur. Es fördert islamischen Fun-

damentalismus. Ist es nicht die Lehre des Arabischen Frühlings,
dass es sich rächt, Diktaturen zu unterstützen oder zu stabili-
sieren?

Die deutsche Außenpolitik hat zunächst einmal die arabische Welt genommen, wie sie ist. Wegen der Verantwortung, die wir von Anfang an für die Sicherheit Israels tragen, war es natürlich auch wichtig zu sehen, welche arabischen Staaten das Existenzrecht Israels in Frage stellten und welche nicht. Das hat ohne Zweifel dazu geführt, dass neben den wirtschaftlichen Interessen, die aber nicht primär waren, Saudi-Arabien zu den Ländern gehörte, mit denen Deutschland besonders gute Beziehungen unterhalten hat.

Das hat mich in meiner Zeit als Außenminister nicht daran gehindert, Waffenlieferungen nach Saudi-Arabien abzulehnen. Ich habe ja die Ehre gehabt, mit drei deutschen Bundeskanzlern zusammenzuarbeiten. Der zweite und der dritte, nämlich Helmut Schmidt und Helmut Kohl, hatten jeweils trotz meiner Vorwarnungen in Gesprächen mit der Führung Saudi-Arabiens die Lieferung von Leopard-2-Panzern zugesagt. In beiden Fällen kam es zu scharfen Auseinandersetzungen in der Regierung, und am Ende habe ich mich mit der Ablehnung dieser Waffenlieferungen durchgesetzt, weil ich darin nicht nur eine Erhöhung der Kriegsgefahr sah, sondern auch die Möglichkeit, diese Waffen – das heißt, diese Panzer – nicht gegen einen äußeren Feind, sondern gegen innenpolitische Gegner einzusetzen. So entstand ein Wort, das ich mal in einer Besprechung gesagt habe: »Alles, was schwimmt, geht.« Sollte heißen: U-Boote können nicht gegen innenpolitische Gegner eingesetzt werden.

Wenden wir uns einer weiteren nahöstlichen Regionalmacht zu, der Türkei. Viele, die für einen Beitritt der Türkei zur Europäischen Union plädiert haben, taten das unter Hinweis auf die strategisch wichtige Rolle der Türkei in der Region. Im Augenblick gibt es starke Zweifel, ob die Türkei dort eine positive Rolle spielt. Ihre Politik gegenüber Israel schwankt ebenso wie gegenüber dem »Islamischen Staat«, der in Syrien und im Irak sein Unwesen treibt. Wie beurteilen Sie die Rolle der Türkei in der Region?

Zunächst einmal ist die Türkei unser Verbündeter in der NATO. Und die NATO wird nicht müde hervorzuheben, dass sie ein werteorientiertes Bündnis ist. Als Partner dieses Bündnisses für die Grundwerte einer freiheitlichen Ordnung war uns die Türkei in der Zeit des Kalten Krieges hochwillkommen. Sie hat auch als Flankenmacht gegenüber der Sowjetunion eine bedeutende Rolle gespielt. Was ihre innere Struktur betrifft, so gibt es verglichen mit früheren Regimen durchaus Fortschritte. Die Zeit der Militärdiktaturen ist vorbei, und die Türkei ist auch nicht in das Fahrwasser islamistischer Bestrebungen geraten. Das muss man sehen. Insofern halte ich die Türkei für einen wichtigen Faktor der Stabilität im mediterranen Raum.

Hinzu kommt, dass Deutschland eine besondere Verpflichtung hat, denn wir waren es, die innerhalb der Europäischen Gemeinschaft – damals noch die Gemeinschaft der Sechs – für eine Assoziierung der Türkei eingetreten sind. Und zwei Bundeskanzler, nämlich Adenauer und Erhard, haben damals öffentlich zum Ausdruck gebracht, dass eine baldige Mitgliedschaft der Türkei in der Europäischen Union wünschenswert sei. Das waren Erklärungen, die unmittelbar nach dem Bau der Mauer abgegeben worden sind. Die wachsende Wirtschaftskraft der jungen Bundesrepublik war auch darin begründet, dass wir durch den Umzug von Deutschen aus der DDR einen ständigen Nachschub von qualifizierten Arbeitskräften hatten, noch dazu aus den jüngeren Jahrgängen. Die Rentner blieben damals in der DDR. Das wurde durch den Bau der Mauer unterbrochen. In diesem Moment begann die deutsche Anwerbetätigkeit in der Türkei, die es zuvor nur in Italien gegeben hatte. Deutschland hat also mit der Türkei nicht nur eine traditionelle Freundschaft, sondern viele gemeinsame Interessen, was die große Zahl von Türken bei uns erklärt.

Zudem waren Deutschland und die Türkei zwei der drei unmittelbaren Frontstaaten der NATO zum Warschauer Pakt, wobei die Türkei eine direkte Grenze zur Sowjetunion hatte. Wir haben damals die Teilnahme der Türken an der Verteidigung der westlichen Werte gern in Anspruch genommen. Pacta sunt servanda. Deshalb bin ich dafür, dass die Türkei Mitglied der Europäischen Union werden kann. Man muss das einmal gemachte Versprechen des Beitritts halten. Immerhin sind im Jahr 2005 Beitrittsverhandlungen offiziell aufgenommen worden. Ich bin sicher, dass in dem Augenblick, wo diese Verhandlungen ergebnis- und erfolgsorientiert geführt werden, manche unliebsamen Schritte Ankaras unterbleiben werden, die wir derzeit erleben. Das ist ein klassischer Fall, wo eine Politik der kalten Schulter, wie sie gegenüber der Türkei heute verfolgt wird, dazu führt, dass es zu unerwünschten Reaktionen kommt. Vielleicht sollte man ehrlicherweise sagen: zu notwendigen Reaktionen seitens der türkischen Regierung, weil die Bürgerinnen und Bürger der Türkei es natürlich nicht schätzen, dass der Westen erst die Mitgliedschaft in Aussicht stellt und sich dann herauszumogeln sucht. Ich halte das für einen fundamentalen Fehler. Man sollte über die Konditionen und über die Zeitschiene reden. Am Ende wird es das Gewicht der Europäischen Union im mediterranen Raum stärken, wenn auch ein muslimisches Land Mitglied ist.

Sie haben zahlreiche arabische Führer getroffen. Was waren das für Persönlichkeiten, wen würden Sie hervorheben?

Zu den eindrucksvollsten Persönlichkeiten, die ich in meinem Leben getroffen habe – in meinem politischen Leben vielleicht die eindrucksvollste –, gehört der frühere ägyptische Präsident Anwar as-Sadat, zu dem sich schrittweise ein sehr persönliches und vertrautes Verhältnis entwickelt hat. Für mich ist er ein Beispiel dafür, wie staatsmännische Größe einen Menschen, der seinen Lebensweg in einfachsten, ja ärmlichen Verhältnissen beginnt, in eine historische Rolle hineinwachsen lässt. Der Mann begann seine Karriere als junger Offizier und gehörte zu denen, die bestrebt waren, die englische Kolonialherrschaft über Ägypten zu beenden. Im Zweiten

Weltkrieg hoffte er darauf, dass ein Sieg der Deutschen mit Rommels Afrikakorps die ägyptische Unabhängigkeit bringen würde. Das erklärt seine Rolle als junger Kämpfer gegen die britische Besatzungsmacht.

Nach der Revolution von 1952 und der Umwandlung Ägyptens in eine Republik stieg Sadat unter Präsident Gamal Abdel Nasser in die Staatsführung auf und wurde nach Nassers Tod 1970 ägyptischer Präsident. Er hatte die Größe zu erkennen, dass die Zukunft der Region davon abhängt, dass Araber und Israelis sich auf Augenhöhe begegnen und Frieden schließen, statt immer neue Kriege zu führen. Er sah, dass es der falsche Weg war zu verlangen, Israel müsse als Staat beseitigt werden, und dass es der richtige Weg war, zusammen mit Israel und einem palästinensischen Staat eine Friedensordnung für den Nahen Osten zu schaffen. Sein Besuch in Israel 1977 war eine Entscheidung, die ungeheuren Mut verlangte, eine enorme Weitsicht und staatsmännische Größe.

Für mich ist die letzte Begegnung, die ich 1980 mit Sadat hatte, unvergesslich. Da hat er mich im Präsidentenpalast in Kairo empfangen und mit mir ein langes Vier-Augen-Gespräch geführt. Er erläuterte mir, dass er trotz des heftigen Widerstands islamischer Kreise in seinem Land den Friedensprozess mit Israel fortführen wolle. Er war sich der innenpolitischen Risiken bewusst und vertraute mir an, dass er einen jungen Mann als seinen Nachfolger ausersehen habe, den Vizepräsidenten Husni Mubarak. Dann lächelte er mich an und sagte: »Dank der Haltung des Westens unserem Land gegenüber, die auch Sie vertreten, hat er seine Ausbildung als

Luftwaffenoffizier in der Sowjetunion genossen. Sie liefern uns ja keine Kriegswaffen, die müssen wir uns in Moskau besorgen. Aber es wäre doch schön, wenn er auch den Westen kennenlernen würde. Können Sie ihn nicht mal einladen?« Das habe ich gemacht. Der Besuch war ein so großer Erfolg, dass Sadat mich danach anrief und fragte, ob ich nicht dafür sorgen könne, dass Mubarak auch nach London, Paris und Rom eingeladen wird. Auch das habe ich arrangiert.

Als wir uns in Kairo verabschiedeten, sah er mir in die Augen, nahm meine ausgestreckte Hand in seine Hände und hielt sie lange fest. Ich stieg in das Auto ein, in dem unser Botschafter schon saß. Zu ihm sagte ich: »Ich habe mich eben von einem Menschen verabschiedet, den ich wohl nie mehr sehen werde.« So war es in der Tat. Kurze Zeit danach fand das Attentat statt. Genau zu diesem Zeitpunkt war ich auf dem Rückflug von China nach Bonn. Der Flugkapitän weckte mich: »Präsident Sadat ist ermordet worden.« Ich fragte ihn: »Wo sind wir denn?« Seine Antwort: »Über dem Arabischen Meer.« Da habe ich ihn gebeten, eine Landegenehmigung für Kairo zu erwirken. Dies wurde abgelehnt. Der Flughafen sei gesperrt, der Ausnahmezustand verhängt. Ich rief den deutschen Botschafter an und sagte ihm, er solle sich an Vizepräsident Mubarak wenden. Der genehmigte die Landung.

Die Ereignisse von 1972 in München, das furchtbare Ende der Geiselnahme israelischer Sportler während der Olympischen Spiele, war wohl das dramatischste Ereignis in Ihrer Karriere. Sie haben sich damals als Austauschgeisel angeboten. Eine sehr gefährliche Situation. Was ist damals schiefgelaufen und was war die Rolle des israelischen Geheimdienstes, die bis heute ja nicht ganz geklärt ist?

Ich bin 1969 in der Regierung Willy Brandts Minister des Innern geworden. Zu diesem Zeitpunkt liefen die Vorbereitungen für die Olympischen Spiele 1972 bereits. Es gab ein Organisationskomitee, dessen Präsident war Willi Daume. In diesem Organisationskomitee waren der Bund, der Freistaat Bayern und die austragende Stadt München vertreten. Die Stadt durch Oberbürgermeister Hans-Jochen Vogel, der Freistaat durch Finanzminister Ludwig Huber, und ich vertrat als Bundesminister des Innern, der für den Sport zuständig war, den Bund. Das Konzept für die Spiele stand fest, als ich in das Amt hineinkam. Es besagte, dass man heitere Spiele wollte. Also ein Kontrastprogramm zu den in den Dienst des Dritten Reiches gestellten Olympischen Spielen von 1936 in Berlin. Ein weltoffenes, fröhliches Deutschland sollte sich darstellen. Das führte auch dazu, dass keine uniformierten Ordnungskräfte auf dem olympischen Gelände im Einsatz waren, sondern unbewaffnete, aber erfahrene Sicherheitsleute in der Kleidung des olympischen Personals. Man hatte auch einen Sicherheitsbeauftragten bestellt, einen besonders erfahrenen Mann, nämlich den legendären Polizeipräsidenten von München, Manfred Schreiber.

Nach Bekanntwerden der Geiselnahme wurde sofort ein Krisenstab gebildet, dessen Vorsitz ich als Vertreter des Bundes übernahm. Das war nicht selbstverständlich.

Die Polizeigewalt lag nicht beim Bund, sondern bei den Ländern. In Bayern gab es noch die Besonderheit, dass in zwei Fällen – München und Nürnberg – die Polizeigewalt bei den Städten lag. Sinnvollerweise also war Manfred Schreiber auch der Sicherheitsbeauftragte für die Olympischen Spiele.

Warum ich mich als Geisel zur Verfügung gestellt habe? Ich war der höchste vor Ort befindliche staatliche Repräsentant. Auch wenn die polizeiliche Zuständigkeit in anderen Händen lag, wurde zu Recht erwartet, dass ich in dieser Eigenschaft bei einer internationalen Veranstaltung von diesem Rang die Verantwortung mit übernahm. Die Entschlossenheit der Geiselnehmer war unbeeinflussbar. Die Erschießung von stündlich einer Geisel war bereits angedroht worden. Deshalb entschloss ich mich, die Gesprächsführung mit den Geiselnehmern zu übernehmen. Um zu zeigen, dass wir sie ernst nehmen, bat ich um ein Gespräch mit ihrem Anführer. Es war der schmächtige junge Mann, den jeder kennt, der damals die Berichterstattung im Fernsehen gesehen hat. In seinen zwei Brusttaschen befand sich je eine Eierhandgranate, die beiden Abzugslaschen hingen griffbereit heraus.

Für mich war es unerträglich, erleben zu müssen, dass israelische Sportler nach allem, was geschehen war, ausgerechnet in Deutschland in Todesgefahr geraten waren. Alles, aber auch wirklich alles musste getan werden, um ihr Leben zu retten. Das hieß für mich, auch mein eigenes Leben einzusetzen. Besprochen habe ich das mit niemandem. Man darf in einer solchen Situation auch niemanden, selbst wenn man ihn um Rat bittet, in die Verantwortung einbeziehen. Ich nutzte eine Gesprächspause, um meine Frau anzurufen, die sich im Hotel in München aufhielt, und in Bonn meine damals elfjährige Tochter, die im Garten mit dem Hund spielte, und meine Mutter, die auf sie aufpasste.

Es stellte sich als sehr schwierig heraus, mit dem Anführer des Kommandos ins Gespräch zu kommen. Er sagte: »Ich bin Soldat, unterstehe dem Befehl meiner Vorgesetzten und habe zu tun, was diese wollen.« Ich machte verschiedene Angebote, die alle zurückgewiesen wurden. Man verlangte ein Flugzeug, um ausgeflogen zu werden. Das zog sich über den ganzen Tag hin.

Inzwischen war auch ein Repräsentant des israelischen Geheimdienstes eingetroffen. Ich signalisierte ihm meine Bereitschaft, ihm und seinen Leuten ungeachtet aller verfassungsrechtlichen Probleme grünes Licht für eine Befreiungsaktion zu geben, weil sie ohne Zweifel über die größere Erfahrung verfügten. Aber er lehnte ab. Das also war meine Lage. Die Verantwortung unseres Landes als Gastgeber der Spiele lag auf meinen Schultern als Mitglied der Bundesregierung. Das war der Grund, warum ich mich als Austauschgeisel angeboten habe. Es schien mir unvorstellbar, hinnehmen zu müssen, dass hier in Deutschland noch einmal Juden umgebracht werden. Doch das Angebot wurde nicht akzeptiert.

Nachdem die Befreiungsaktion der Münchner Polizei in Fürstenfeldbruck gescheitert war, gab es ein Gespräch mit Bundespräsident Heinemann, Bundeskanzler Brandt und Außenminister Scheel, in dessen Verlauf ich gesagt habe: »Herr Bundeskanzler, es kann die Situation eintreten, in der im Interesse unseres Landes ein politischer Befreiungsschlag notwendig ist. Dafür biete ich Ihnen meinen Rücktritt an. Darauf können Sie zurückkommen, wenn Sie glauben, dass das Ansehen des Landes dies erfordert.« Es hat mich tief angerührt, mit welcher Entschiedenheit Bundespräsident, Bundeskanzler und Vizekanzler erklärt haben, das komme überhaupt nicht in Frage. Ein Rücktritt von mir sei weder notwendig noch akzeptabel.

Für mich unvergesslich und bis heute prägend für meine Beziehung zu Helmut Schmidt ist, dass er am nächsten Morgen in der Kabinettssitzung – ich kam aus München dorthin – um das Wort bat und sagte, er wolle ausdrücklich seinen Respekt zum Ausdruck bringen für meine Haltung, dass ich mich als Geisel zur Verfügung gestellt habe. Verteidigungsminister Georg Leber und Willy Brandt gaben ähnliche persönliche Erklärungen ab.

Die entscheidende Antwort auf die Münchner Vorgänge wurde dann mit der Aufstellung der Antiterror-Einheit GSG 9 beschlossen, die ich unmittelbar nach dem Ende der Olympischen Spiele gründete. Wir waren damals auf einen Terrorakt dieser Art, wie es ihn so noch nicht gegeben hatte, nicht vorbereitet. Es wäre falsch gewesen, Verantwortlichkeiten gegeneinander auszuspielen. Das ist auch nicht geschehen. Damals hat die Bundesrepublik in hohem Maße Haltung und Verantwortung gezeigt.

Deutschlands Verantwortung in der Welt

Bundespräsident Joachim Gauck hat 2014 auf der Münchner Sicherheitskonferenz eine vielbeachtete Rede gehalten, in der er von der neuen internationalen Verantwortung Deutschlands sprach. Was halten Sie davon?

Die Frage nach der internationalen Verantwortung Deutschlands wird bei uns von verschiedenen Seiten gestellt. Das ist richtig und notwendig. Allerdings nicht, weil Deutschland diese Verantwortung in der Vergangenheit nicht wahrgenommen hätte, und auch nicht, weil diese Frage ein deutsches Problem wäre, sondern weil mit dem Eintritt der Staatengemeinschaft in das Zeitalter der Globalisierung sich die Frage der internationalen Verantwortung für alle Staaten neu stellt. Die Globalisierung, lange Zeit nur unter dem Aspekt der Ökonomie und der Informationsgesellschaft diskutiert, hat alle Lebensbereiche erfasst. Die Lage der Welt hat sich grundlegend verändert. Wir sind in eine Weltnachbarschaftsordnung eingetreten. Wenn man früher von einem Nachbarstaat sprach, meinte man ein Land, mit dem man eine gemeinsame Grenze hatte. Heute ist jeder jedes anderen Nachbar. Ein Beispiel: Eine Hypothekenkrise in den USA schlägt durch in Afghanistan genauso wie in Deutschland oder in Japan oder in Kolumbien. Das heißt, es ist eine Welt der globalen Interdependenz entstanden, der gegenseitigen Abhängigkeit.

Eine isolierte Betrachtung des eigenen Schicksals ohne Rücksicht auf andere würde heute mehr denn je negative Folgen für das weltweite Zusammenleben haben. Jede Regierung muss heutzutage daran interessiert sein, dass global eine positive Entwicklung eintritt, wenn sie dauerhaft eine positive innere Entwicklung garantieren will.

Wenn also die Frage diskutiert wird, ob Deutschland vor einer neuen Lage steht, die nach neuen Antworten ruft, dann muss die Frage für alle anderen Staaten auch gestellt werden. Sie stellt sich für alle gleich, und Deutschland sollte den Eindruck vermeiden, dass es für sich eine Besonderheit sieht – etwa die, aufgrund der deutschen Vereinigung mehr Einfluss beanspruchen zu können. Das könnte leicht zu einer Renationalisierung des außenpolitischen Denkens und Handelns führen. Dabei ist es gerade angesichts der Irrwege deutscher Außenpolitik in der ersten Hälfte des 20. Jahrhunderts ein Glücksfall, dass es nach 1945 gelungen ist, die deutsche Politik in die europäische einzubetten.

Als Beispiele für die gelungene Einbettung nenne ich Deutschlands Rolle als Gründungsmitglied der Europäischen Union und später als Hauptakteur des KSZE-Prozesses. Die Erfolge, die im Falle des KSZE-Prozesses hinsichtlich der Überwindung der Systemgrenzen errungen wurden, hätten durch eine bilaterale Politik Deutschland-Sowjetunion nie erreicht werden können, sondern nur durch eine multilaterale Politik West-Ost. Dasselbe gilt für andere Bereiche. Das heißt, wenn wir die Frage nach neuen Herausforderungen stellen, müssen wir dies als Teil der Europäischen Union tun, die als unsere Schicksalsgemeinschaft zu betrachten ist. Und wir müssen die Frage stellen, welche neue Verantwortung sich daraus ergibt für die Entwicklung Europas und die Rolle Deutschlands in Europa. Denn wir sind nicht erst seit der Wiedervereinigung, sondern waren schon davor das größte Land der Europäischen Union, wenn auch bis zum Ende des Kalten Krieges als Teilstaat und Randstaat.

Heute sind wir da angekommen, wo wir immer hingehörten, in der Mitte Europas, und zwar nicht nur geographisch, sondern auch politisch, sicherheitspolitisch, ökonomisch, kulturell, intellektuell. Die ideologischen Grenzen sind überwunden. Welche Verantwortung ergibt sich daraus? Und was bedeutet es, das Land mit den meisten Nachbarn in Europa zu sein? Was bedeutet es, das ökonomisch stärkste Land in der EU zu sein? Was bedeutet es, dass Deutschland durch seine Armee, die Bundeswehr, innerhalb des westlichen Bündnisses eine so wichtige Rolle für die Sicherheitspolitik erfüllt? Es bedeutet nicht mehr Rechte. Schon gar keine Vorrechte. Sondern es bedeutet größere deutsche Verantwortung als Teil der Europäischen Union.

Nach der Vereinigung wurde die Frage gestellt, ob dieses größere Deutschland nicht ein ständiges Mitglied im Sicherheitsrat der Vereinten Nationen werden soll, um seinem gewachse-

nen Gewicht Ausdruck zu verleihen. Sie waren damals als Außenminister skeptisch.

Ich war nicht nur skeptisch, sondern hatte die allergrößten Bedenken. Wegen der Bedeutung der Frage möchte ich meine Position ganz deutlich machen. Ich bin ein unbedingter Anhänger der Vereinten Nationen. Ich bin der Meinung, dass deren Gründung einer der ganz großen Erfolge der globalen Politik der USA nach dem Zweiten Weltkrieg war. Man hatte aus den Fehlern bei der Konstruktion des Völkerbundes gelernt und die Beendigung des Krieges in Europa und Ostasien zum Anlass genommen, eine Weltorganisation zu schaffen, die mit der Einrichtung des Weltsicherheitsrates zugleich mit einem exekutiven Organ mit großer Autorität und großen Kompetenzen ausgestattet ist. Mit der Einführung des Vetorechts für die ständigen Mitglieder des Sicherheitsrates wurde zudem verhindert, dass dieses Instrument aktiv missbraucht werden kann.

Die Zusammensetzung des Weltsicherheitsrates mit den fünf Siegermächten des Zweiten Weltkrieges USA, Sowjetunion, China, Frankreich und England drückt natürlich die Machtverhältnisse nach dem Zweiten Weltkrieg aus, auch die Struktur der Weltordnung jener Zeit. Sie vernachlässigte ganze Erdteile und innerhalb der Erdteile die jeweils bestehenden Gewichte. So ist der Ruf nach einer Reform der Vereinten Nationen absolut legitim und notwendig, und dabei fällt als Erstes immer der Blick auf den Weltsicherheitsrat. Dieser Ruf nach Reform muss von wichtigen Voraussetzungen ausgehen. Erste

Voraussetzung ist, dass der Versuch, den Sicherheitsrat zu Lasten eines der Gründungsmitglieder neu zu formieren, von vornherein das Projekt zum Scheitern bringen würde. Man kann über das Gewicht der einzelnen Länder diskutieren. Fest steht aber, dass es fünf geborene Mitglieder gibt. Das wird so bleiben. Daran ist festzuhalten. Man muss sich aber auch fragen, wer die globalen Akteure des 21. Jahrhunderts sein werden. Es werden große Staaten sein, Staaten wie Indien, demnächst das bevölkerungsreichste Land der Welt, aber auch andere große Staaten Ostasiens, etwa aus dem ASEAN-Verbund. An der Realität der BRICS-Staaten kann niemand vorbeigehen, und auch afrikanische Staaten werden vertreten sein müssen, ebenso Staaten Lateinamerikas.

Globale Akteure am Ende des 21. Jahrhunderts werden aber auch regionale Zusammenschlüsse sein, von denen die Europäische Union der in jeder Hinsicht am weitesten entwickelte ist. Ich habe frühzeitig gesagt, schon in den siebziger Jahren, dass die Aufmerksamkeit der Mitgliedsstaaten der damaligen Europäischen Gemeinschaft auf Kooperationsabkommen mit anderen regionalen Zusammenschlüssen gerichtet sein muss. Der erste Adressat waren die ASEAN-Staaten, die ein ähnlicher Verbund sind, strukturell jedoch völlig anders als die EU. Wir leben auf einem Kontinent, sind unmittelbare Grenznachbarn, während die ASEAN-Mitglieder Interessennachbarn sind, aber nicht Grenznachbarn, wenn man die Entfernungen innerhalb ihres Verbundes sieht.

Weitere Vorstöße zu einer regionalen Kooperation richteten sich auf deutsche Initiative an die Staaten Zentralamerikas, wo es gelang, Kriege und Bürgerkriege zu überwinden, und an den Golf-Kooperationsrat, mit dem die EU 1988 ein Abkommen geschlossen hat. Inzwischen sehen wir die engere Zusammenarbeit einiger lateinamerikanischer Staaten – der wirtschaftlich am meisten entwickelten – und auch das Bemühen einiger Staaten im Süden Afrikas, zu einer immer engeren Kooperation zu kommen. Ich glaube, dass in diesen Regionen das Beispiel der Europäischen Union eine hohe Attraktion hat. Und diese regionalen Zusammenschlüsse müssten im UN-Sicherheitsrat vertreten sein.

Was einen ständigen Sitz Deutschlands im Weltsicherheitsrat betrifft, kann ich unserem Land nur raten, sich mit Nachdruck dafür einzusetzen, dass die Europäische Union einen Sitz bekommt. Nicht anstelle von Frankreich oder England, sondern um das Gewicht der Europäischen Union als globaler Akteur zur Geltung zu bringen. Das setzt voraus, dass die beiden schon vorhandenen EU-Mitglieder einen solchen EU-Sitz akzeptieren, das heißt, es muss eine Verständigung darüber erzielt werden, dass die Stimmabgabe der Europäischen Union immer identisch ist mit der Stimmabgabe der zwei. Oder, um es gewichtiger auszudrücken, dass die zwei – Frankreich und England – sich bei ihrer Stimmabgabe im Rahmen der Meinungsbildung der Europäischen Union bewegen.

Würde Deutschland auf einem Sitz bestehen, so würde das erhebliche Spannungen in die europäische Politik hineintragen, denn mit einem gewissen Recht würde Italien auch für sich einen Sitz in Anspruch nehmen, und dasselbe könnte man für Spanien oder Polen sagen. Es kann nicht Sinn unserer Politik sein, den Eindruck zu erwecken, dass wir hier nach der Vereinigung eine Rolle anstreben, die Spannungen innerhalb der Europäischen Union erzeugt. Hinzu kommt, dass die Staaten der Dritten Welt kaum akzeptieren werden, dass ein weiteres europäisches Land – oder gar mehrere – ständiges Mitglied wird. Sitze regionaler Zusammenschlüsse würden sie akzeptieren, wohl wissend, wie schwer es sein wird, sich darüber zu verständigen, wer sie innehaben soll. Aber das ist ein anderes Problem. Ich jedenfalls halte es für notwendig, dass wir in dieser Frage einen europäischen Weg gehen.

Ich bin schon sehr bald nach der deutschen Vereinigung mit der Bemühung konfrontiert worden, nunmehr das Thema eines Sitzes im Sicherheitsrat aufzugreifen. Es handelte sich um einen meiner Kollegen, den ich wegen seiner großen Erfahrung und Weitsicht ganz außerordentlich geschätzt habe, nämlich den italienischen Außenminister Giulio Andreotti. Während der Tagung der Vereinten Nationen meldete er sich zu einem Vier-Augen-Gespräch bei mir an, aber er kam nicht allein, sondern zusammen mit dem japanischen Außenminister. Beide sagten, nun sei Deutschland vereinigt, und eigentlich seien wir ja alle drei legitimiert, ständige Mitglieder im Weltsicherheitsrat zu werden; ob wir nicht gemeinsam eine Initiative ergreifen sollten. Daraufhin habe ich sie gebeten, dieses Treffen als Geheimtreffen zu behandeln, denn ich wolle nicht in einer Zeitung die Überschrift lesen: »Veteranentreffen der Achsenmächte«. Das könne völlig missverstanden werden. Außerdem würden wir er-

1 Mit Bundeskanzler Willy Brandt und Außenminister Walter Scheel auf der Regierungsbank in Bonn 1972.

2 Olympische Spiele 1972 in München: Verhandlung mit einem der palästinensischen Terroristen.

3 Mit US-Außenminister Henry Kissinger 1974.

4 Mit dem sowjetischen Außenminister Andrej
Gromyko am Rande der UN-Vollversammlung 1978.

5   Abschlusssitzung der KSZE-Konferenz in Helsinki 1975. Erste Reihe von
links: DDR-Politbüromitglied Hermann Axen, DDR-Staatsratsvorsitzender Erich
Honecker, Bundeskanzler Helmut Schmidt, Außenminister Hans-Dietrich
Genscher.

6   Mit Bundespräsident Walter Scheel in Moskau, 1975. Rechts der sowjetische
Ministerpräsident Alexej N. Kossygin, 2.v.r. Außenminister Andrej Gromyko.

7   Mit dem ägyptischen
Präsidenten Anwar as-Sadat
1980 in Kairo.

8   Mit US-Präsident Ronald Reagan im Weißen Haus, 1981.

9　Mit Bundeskanzler Helmut Schmidt 1981.

10　Nach dem Regierungswechsel: Mit Bundeskanzler Helmut Kohl 1982.

11 Mit dem italienischen Außenminister Emilio Colombo zur Besprechung der gemeinsamen Europa-Initiative 1981 in Bonn.

12 Mit dem chinesischen Staatschef Deng Xiaoping 1985 in Peking.

13   Mit dem französischen Außenminister Roland Dumas 1984 in Bonn.

14   Ordensverleihung durch den französischen Staatspräsidenten François Mitterrand 1986 in Paris.

15 Ansprache an die DDR-Flüchtlinge vom Balkon der
Prager Botschaft, 30. September 1989.

16 Symbolische Öffnung des Grenzzauns an der deutsch-tschechoslowakischen
Grenze in der Nähe von Rozvadov mit dem tschechoslowakischen Außenminister
Jiří Dienstbier im Dezember 1989.

17   Mit Václav Havel, dem Führer der tschechoslowakischen Opposition und
späteren tschechischen Präsidenten, im Juli 1989 in der deutschen Botschaft in Prag.

18   Mit dem polnischen Gewerkschaftsführer und späteren Präsidenten Lech
Wałęsa im November 1990 in Warschau.

19 Mit dem sowjetischen Präsidenten Michail Gorbatschow 1989 in Bonn.

20 Mit Michail Gorbatschow und Bundeskanzler Helmut Kohl zu Gesprächen über die deutsche Vereinigung im Kaukasus, 16. Juli 1990.

21   Erstes Zwei-plus-Vier-Treffen der Außenminister im Mai 1990 in Bonn.
Von links: James Baker (USA), Eduard Schewardnadse (UdSSR), Hans-Dietrich
Genscher, Roland Dumas (Frankreich), Markus Meckel (DDR), Douglas Hurt
(Großbritannien).

22   Unterzeichnung des Zwei-plus-Vier-Vertrages über die Vereinigung
Deutschlands in Moskau, 12. September 1990.

23 Mit US-Außenminister James Baker in Bonn, Februar 1989.

24 Mit dem sowjetischen Außenminister Eduard Schewardnadse in Moskau, Dezember 1989.

25   Unterzeichnung der »Charta von Paris«, der gemeinsamen Erklärung der
34 Teilnehmerstaaten des KSZE-Sondergipfels am 21. November 1990 in Paris.
Von links: US-Präsident George Bush, Außenminister Hans-Dietrich Genscher,
Bundeskanzler Helmut Kohl.

26   Der dienstälteste Außenminister auf dem Flug nach Washington.

27   Private Stadtführung mit Henry Kissinger und Michail Gorbatschow in der Heimatstadt Halle, 1993.

28 Mit dem russischen Staatspräsidenten Wladimir Putin 2001 in Berlin.

29 Mit Michail Chodorkowski nach dessen Freilassung auf dem Flughafen Berlin-Schönefeld, Dezember 2013.

leben, dass wir mit dem Versuch, gemeinsam vorzugehen, nicht die Unterstützer zahlenmäßig verstärken, sondern die Zahl der jeweiligen Gegner. Es werde Leute geben, die Japan nicht drin haben wollen, es werde Leute geben, die Deutschland nicht drin haben wollen, und es werde Leute geben, die Italien nicht drin haben wollen. Die Sache sei aussichtslos.

Um noch einmal auf die Frage der deutschen Verantwortung zurückzukommen: Ich halte es für das Selbstverständnis unseres Staates für bedeutsam, darauf zu bestehen, dass wir von Anfang an unserer Verantwortung gerecht geworden sind. Man wird Schwierigkeiten haben, die Frage zu beantworten, bei welcher Gelegenheit Deutschland seine Verantwortung verfehlt hätte. Man sollte nicht vergessen, dass es nach dem Zweiten Weltkrieg in der Bundesrepublik eine sehr ernsthafte Diskussion über den Weg zur Einheit gegeben hat. Diese Grundsatzdiskussion hat Deutschland europäischer gemacht. Es ging nämlich um die Frage, sucht Deutschland seine Einheit auf einem nationalen, also deutsch-deutschen Weg oder erkennt es, dass die deutsche Spaltung der besonders dramatische Ausdruck der Spaltung Europas ist, dass man also Deutschland nicht ohne Europa einigen kann? Eine Einigung Europas um Deutschland herum würde es nicht geben, aber auch keine Einigung Deutschlands ohne Europa. Das heißt, die Einbettung der deutschen Einheit oder des Ziels der deutschen Einheit in die Überwindung der Spaltung Europas war eine zutiefst europäische Entscheidung, und das Bekenntnis zur Zugehörigkeit zur Europäischen Gemeinschaft war damals das Signal Nachkriegsdeutschlands, dass wir die alten Sonderwege verlassen und unseren Standort dort suchen, wo wir hingehören und wo er immer war: in der Mitte Europas, in der Gemeinschaft der europäischen Demokratien.

Diese Grundentscheidung hat das Entstehen der Europäischen Gemeinschaft erst möglich gemacht. Ich behaupte heute noch, dass es mutmaßlich zur Europäischen Gemeinschaft nicht gekommen wäre ohne Westdeutschland. Wenn die Bundesrepublik damals den Sirenenklängen der Neutralisierung gefolgt wäre, hätte sie nicht nur ihre Einheitschance verspielt, sondern auch ihre europäische Verantwortung versäumt. Indem sie diesen Sirenenklängen widerstand, hat sie ihre historische Verantwortung für Europa wahrgenommen.

Die andere Verantwortung galt der Frage, wo Deutschland angesichts der ideologischen und militärischen Ost-West-Konfrontation seinen Platz einnimmt. Wäre es der Parole »Ohne mich« gefolgt, die nach den schrecklichen Erfahrungen des Zweiten Weltkrieges, nach der vom NS-Regime missbrauchten Bereitschaft der Menschen, für das eigene Land mit der Waffe einzutreten, sehr verbreitet war, dann wäre es Gefahr gelaufen, sich zu isolieren. Auch die damalige Grundentscheidung, Mitglied der westlichen Verteidigungsgemeinschaft, der NATO zu werden, war eine weitsichtige Entscheidung.

Und nun kommen wir zur deutschen Verantwortung bei der Überwindung der Teilung Europas. Dabei ging es um die Frage, was Deutschland tun musste, um einen Neuanfang auch gegenüber seinen östlichen Nachbarn zu ermöglichen. Hier war das zentrale Problem die Grenze zu Polen, eine Frage, die sich sehr viel differenzierter darstellte, als es in den innenpolitischen Debatten bei uns den Anschein hatte. Immerhin war es so gewesen, dass Deutschland und die Sowjetunion sich 1939 über die Teilung Polens verständigt hatten, die dann nach dem Ausbruch des voraussehbaren Krieges brutal vollzogen wurde.

Die Gefühle der Polen muss man verstehen. Polen war über die Jahrhunderte immer wieder zwischen die Mühlräder Russland und Deutschland geraten, genauer gesagt: Russland und Preußen. Und wenn man Russland und Preußen sagt, dann versteht man die Antwort auf eine Frage, die mir westliche Kollegen oft gestellt haben, nämlich wie es eigentlich komme, dass die katholische Kirche in Polen einen so enormen Einfluss habe. Für das polnische Volk war sie in den Zeiten der Teilung der nationale Identifikationsfaktor. Das protestantische Preußen und das orthodoxe Russland teilten das katholische Polen auf. Das erklärt gleichzeitig auch den geringeren Einfluss der katholischen Kirche in der Tschechoslowakei, wo vor dem Prager Rathaus das Denkmal für Johann Hus steht, Ausdruck nationaler Identitätssuche jenseits der katholischen Kirche. Ein tschechischer Politiker sagte mir einmal: »Für uns liegen Vatikan und Wien nahe beieinander.« Man hat dort die katholische Kirche sehr stark mit Habsburg verbunden.

Als die europäische Geschichte sich im Jahr 1989 in Richtung Überwindung der Teilung entwickelte, war ich mir bewusst, dass die Frage der Oder-Neisse-Grenze nun definitiv im Sinne der Anerkennung beantwortet werden musste, eine Entscheidung, die mit dem Warschauer Vertrag von 1970 schon tendenziell vorbereitet war. Wenn wir das Tor zur Vereinigung nicht für immer zuschlagen wollten, durfte hier kein Zweifel entstehen, musste die deutsch-polnische Grenzfrage im Zusammenhang mit einem Vertrag über die Vereinigung der beiden deutschen Staaten endgültig und ausdrücklich geklärt werden.

Um in dieser Frage Klarheit zu schaffen, habe ich meine Rede vor der UN-Vollversammlung am 27. September 1989 genutzt. Die ungeklärte Grenzfrage hing wie ein Fragezeichen über all denen, die die Veränderungen in Europa richtig deuteten und spürten, dass jetzt etwas geschehen musste. Um den Gegnern der Vereinigung, die es überall gab, nicht noch zusätzliches Argumentationsmaterial an die Hand zu geben, bedurfte es einer klaren Stellungnahme, damit niemand auf die Uneinsichtigkeit der Deutschen in der Grenzfrage verweisen konnte. Deshalb meine direkt an den polnischen Außenminister Krzysztof Skubiszewski gerichtete Erklärung: »Das polnische Volk soll wissen, dass sein Recht auf sichere Grenzen von uns nicht in Frage gestellt wird. Das Rad der Geschichte wird nicht zurückgedreht.«

Dieser Schritt ist mir nicht leichtgefallen. Machtpolitisch und historisch war die Entscheidung seitens der Staatengemeinschaft längst gefallen. Um es noch einmal zu sagen: Ein Zögern unsererseits hätte auch diejenigen bedenklich gestimmt, die unseren Anspruch auf nationale Einheit unterstützten. Und manch stiller oder auch lauter Gegner der deutschen Vereinigung hätte gern die Grenzfrage mit Polen benutzt, um sich gegen die Vereinigung zu stellen. Da ich auf der anderen Seite wusste, dass zu diesem Zeitpunkt ein solcher Beschluss zwar von der Bevölkerung gebilligt werden würde, weil er unabwendbar war, aber in der Regierung noch nicht durchsetzbar, galt es rasch zu handeln. Wie das dann folgende monatelange zähe Ringen bewiesen hat, war es absolut geboten, diesen Schritt frühzeitig zu tun, um nicht schon am Beginn der Diskussion über die deutsche Vereinigung ein zusätzliches Hindernis zu errichten. Ich war der Meinung, dass ein Regierungsmitglied in einer solchen Situation allein seinem Gewissen und dem Auftrag seines Amtes folgen müsse. Das habe ich mit meiner Erklärung getan.

Ich will nicht verschweigen, dass ich im Blick auf die deutsche Einheit schon ein Jahr zuvor einen Schritt getan hatte, der für mich ebenfalls von großer Bedeutung war. Ich hatte bereits im Laufe des Jahres 1988 angesichts der Entwicklung in Polen, aber noch stärker angesichts der Gespräche, die ich mit Gorbatschow und Schewardnadse geführt hatte, den Eindruck gewonnen, dass sich in der Sowjetunion eine wirklich revolutionäre Politik anbahnt. Und es war klar, dass eine solche innere Revolution, wie sie von Gorbatschow und seinen Mitstreitern unter den Stichworten Perestroika und Glasnost in Gang gesetzt wurde, nicht ohne Auswirkungen auf die Außenpolitik des Landes bleiben konnte. Also würde das auch Auswirkungen haben auf die Entwicklung auf der östlichen Seite des Eisernen Vorhanges insgesamt.

Deshalb habe ich bei der üblichen Begegnung mit Schewardnadse am Rande der UN-Vollversammlung in New York im September 1988 um ein anschließendes

Vier-Augen-Gespräch gebeten. In diesem Gespräch habe ich erklärt, ich hielte mich für verpflichtet, ihm meinen persönlichen Eindruck mitzuteilen, dass es im kommenden Sommer – also im Sommer 1989 – zu dramatischen Entwicklungen in der DDR kommen werde. Die Führung in Moskau wisse, dass ich mit Nachdruck für eine immer engere Zusammenarbeit der Bundesrepublik mit der Sowjetunion eintrete. Man müsse aber auch wissen: Wenn es zu solchen dramatischen Entwicklungen komme, dürfe sich nicht wiederholen, was am 17. Juni 1953 geschehen sei, nämlich dass sowjetische Panzer einen Volksaufstand niederwalzen. Das würde die Lage in Europa grundlegend verändern. Schewardnadse erwiderte, dass man solche dramatischen Entwicklungen nicht kommen sehe. Er werde aber unmittelbar nach seiner Rückkehr nach Moskau darüber mit Gorbatschow sprechen, »denn wir nehmen immer ernst, was Sie uns sagen«.

Über eine Spätwirkung meines Hinweises habe ich mich besonders gefreut. Im Dezember 1989 kam Schewardnadse zum ersten Mal nach Brüssel zu einer Zusammenkunft mit den Außenministern der Europäischen Gemeinschaft. Er sprach dort über die jüngsten Vorgänge in Osteuropa und sagte: »Wir haben diese Entwicklung nicht vorausgesehen. Hans-Dietrich war der Einzige, der das richtig vorausgesehen hat, aber wir haben ihm damals nicht geglaubt.«

In der Diskussion über die angeblich neue Verantwortung Deutschlands in der Außen- und Sicherheitspolitik spielt die Frage eines Einsatzes der Bundeswehr, also einer Beteiligung

Deutschlands an der militärischen Lösung von Konflikten, eine
große Rolle. Sie haben immer betont, Machtpolitik und Ver-
antwortungspolitik seien ein Gegensatz. Aber kann nicht auch
Deutschlands Verantwortung darin bestehen, sich an der mili-
tärischen Bewältigung solcher Konflikte zu beteiligen?

Die jetzt in Gang gesetzte Diskussion leidet an dem Um-
stand, dass die Wortführer nicht präzise sind in der Dar-
legung dessen, was sie meinen. Wenn ich nämlich die
Frage stelle, wo wir denn versäumt hätten mitzumachen,
wird hoffentlich niemand kommen und sagen, wir hätten
uns am Vietnamkrieg beteiligen sollen oder am Irakkrieg,
wo mit gefälschten Dokumenten gearbeitet wurde. Wie
schon gesagt, stehen wir alle in unserer Sicherheitspolitik
vor neuen Herausforderungen als Ergebnis der grundlegend veränderten Weltlage.

Ein zweiter Denkfehler ist, dass automatisch an militärische Verantwortung gedacht wird, wenn von größerer
Verantwortung die Rede ist. Es gibt viele andere Möglichkeiten, Verantwortung zu tragen – unsere Mitwirkung
in den Vereinten Nationen etwa bei der Herstellung der
Unabhängigkeit von Namibia, bei der Beendigung des
irakisch-iranischen Krieges, bei der Bekämpfung der
Apartheid in Südafrika, bei der Stärkung der regionalen
Zusammenarbeit in anderen Regionen der Welt. Wir Europäer haben schon in den siebziger Jahren ein Kooperationsabkommen mit den ASEAN-Staaten geschlossen,
dasselbe später mit den Staaten Zentralamerikas, was zu
einer Befriedung führte und die Bürgerkriege beendete.
Dafür hat der Präsident von Costa Rica, Óscar Arias Sán-

chez, den Friedensnobelpreis erhalten. Für meine Mitwirkung erhielt ich die Ehrenstaatsbürgerschaft der Republik Costa Rica. Das heißt, Deutschland hat schon als geteiltes Land große Verantwortung übernommen und seither immer wieder. Deshalb führen alle anderen Gedankenspiele in die falsche Richtung.

Nehmen wir das vielzitierte Beispiel des Jugoslawienkrieges. Deutschland hatte von allen Mitgliedsstaaten der Europäischen Union die engsten Beziehungen zu Titos Jugoslawien unterhalten. Wir waren nicht dem Fehler verfallen, in dem Land eine fünfte Kolonne des Kreml zu sehen. Es gab andererseits in Deutschland Kräfte, die der Vorstellung anhingen, Jugoslawien sei Modell für einen »dritten Weg« zwischen Kommunismus und Kapitalismus. Ich war immer der Meinung, dass die Teilnahme Jugoslawiens unter Tito an der Bewegung der Blockfreien in einem positiven Sinne bedeutsam war für alle Europäer. Immerhin gehörte damit ein europäisches Land den Blockfreien an. Natürlich besaß die Bewegung einen antieuropäischen Impetus, weil sie gegen die europäische Kolonialpolitik gerichtet war. Aber in erster Linie war es eine Bewegung für die Unabhängigkeit aller Staaten.

Manche Europäer haben zunächst übersehen, dass der serbische Präsident Slobodan Milošević ein gefährlicher Nationalist war. In einer Zeit, in der Europa mit der Beendigung des Ost-West-Konflikts beschäftigt war, hielt er eine zu trauriger Berühmtheit gelangte nationalistische Rede auf dem Amselfeld. Milošević wollte anstelle der jugoslawischen Föderation Titos ein Groß-Serbien schaffen. Deshalb hob er die Autonomie des Kosovo und der ungarischen Gebiete im Norden auf, was dann zu dem schrecklichen Bürgerkrieg geführt hat. Hier hätte ein früheres Erkennen, um wen es sich bei Milosević handelte und welche Ziele er verfolgte, dazu führen können, dass ein militärischer Einsatz nicht notwendig geworden wäre. Das ist leider anders gelaufen. Als die europäischen Außenminister im Dezember 1991 einstimmig – ich betone: einstimmig – die Anerkennung der Unabhängigkeit Kroatiens und Sloweniens beschlossen, bestand Jugoslawien längst nur noch auf dem Papier. Es wurde lediglich eine Entwicklung nachvollzogen, die längst unumkehrbar war. Eine besondere Rolle Deutschlands hat es, auch wenn das immer wieder behauptet wird, dabei nicht gegeben, schon gar nicht trägt Deutschland durch eine »vorzeitige« Anerkennung der Teilrepubliken Schuld am Zerfall Jugoslawiens.

Sie betonen zum einen, dass die Wahrnehmung internationaler Verantwortung nicht notwendigerweise militärisch sein muss. Die sogenannte Responsibility to Protect besagt, dass Staaten für den Schutz ihrer Bevölkerung Verantwortung tragen und dass, wenn sie dazu nicht in der Lage sind, die internationale Staatengemeinschaft das Recht auch zu militärischem Eingreifen hat. Das ist schon fast ein Völkerrechtsgrundsatz. Sodann betonen Sie, dass ein Eingreifen, welcher Art auch immer, nicht deutsch, sondern europäisch sein muss. Es gibt noch keine europäische Armee, deshalb wird nach den nationalen Beiträgen gefragt, auch militärischen. Wie sehen sie die militärische Seite der deutschen Verantwortung?

Politische Verantwortung muss alle Mittel einbeziehen, die uns zur Verfügung stehen und die sich im Rahmen des Völkerrechts bewegen. Insofern besteht die Notwendigkeit von Sicherheitsratsbeschlüssen, die keineswegs nur dann richtig sind, wenn man selbst die Mehrheit hat. Natürlich muss Deutschland seine Verantwortung erfüllen. Deshalb gehört es für mich zur europäischen Einigung, dass wir auch militärisch handlungsfähig sind, und zwar gemeinsam im europäischen Rahmen. Das setzt voraus, dass man schon bei den politischen Bemühungen, die ja das Ziel haben, den militärischen Einsatz zu vermeiden, diese europäische Verständigung sucht. Eine Europäisierung des Denkens und der Wahrnehmung globaler Verantwortung muss im Vordergrund stehen. Diese Fragen sind nichts, was Deutschland allein betrifft. Sie betreffen uns alle gemeinsam.

Die Europäisierung schreitet auch innerhalb der NATO voran, weil wir angesichts der immer teureren Rüstungsgüter und der begrenzten Mittel, die zur Verfügung stehen, nur durch kooperative Verbände eine Teilhabe aller europäischen Partner an einem Waffensystem sicherstellen können. Es ist für kleinere Länder nur schwer möglich, eine eigene Luftwaffe zu unterhalten, die handlungsfähig ist. Aber dass in den Maschinen der NATO, die für europäische Aktionen bereitgestellt werden, Angehörige aller europäischen Streitkräfte sitzen, halte ich für notwendig. Das ist nicht zuletzt eine Frage der Solidarität. Das verlangt eine gemeinsame Außenpolitik der EU. Es geht nicht darum, dass Deutschland nicht bereit wäre, Verantwortung zu übernehmen, sondern es handelt sich eher um einen Mangel an Integration europäischer Handlungsfähigkeit. Das muss man vorantreiben, das halte ich für unbedingt notwendig.

Bereitet Ihnen der Zustand der Bundeswehr Sorgen?

Ich halte die Vernachlässigung der Bundeswehr, die leider in den letzten Jahren Praxis geworden ist, zuallererst für eine Zumutung für die Soldaten und ihre Familien. Eine demokratische Gesellschaft hat eine Verantwortung für diejenigen, die ihr Leben für uns alle einsetzen. Die Ausrüstung der Streitkräfte entspricht ganz offenbar nicht dem, was politisch als deutsche Verantwortungsbereitschaft definiert wird.

Kann der Export von Waffen Teil einer sicherheitspolitischen Strategie sein? Was halten Sie von der »Ertüchtigungsstrategie« der Kanzlerin, die darin besteht, regionale Mächte in die Lage zu versetzen, in ihrer Region selber für Sicherheit und Ordnung zu sorgen? Diese Strategie schließt deutsche Waffenlieferungen an Staaten ein, deren Regime problematisch sind, zum Beispiel Saudi-Arabien.

Der Grundsatz, den wir bisher hatten, nämlich dass wir in Konfliktgebiete keine Waffen liefern, ist und bleibt richtig. Ebenso der Grundsatz, dass wir nicht an Staaten liefern, die keine demokratische Verfassung haben. Ich selbst habe zwei Bundeskanzlern, die Saudi-Arabien den Leo-2-Panzer versprochen hatten, meine Zustimmung verweigert, weil das eine Waffe ist, die gegen einen äußeren Feind, aber auch gegen die eigenen Bürger eingesetzt werden kann. Diese Position sollten wir beibehalten. Denn die Pflicht, Leben zu schützen, schulden wir nicht den Ländern, sondern den Menschen. Allen, die in Unrechtsstaaten leben müssen, sind wir schuldig, dass wir ihnen zur Seite stehen, und nicht, dass wir sagen, wir schützen die Opfer eines Terrorregimes im Staate A dadurch, dass wir das Terrorregime B unterstützen, damit dann allenfalls die Türschließer der Folterkammern ausgewechselt werden.

TEIL II –
DER WEG ZUR
DEUTSCHEN EINHEIT

KSZE –
Die größte Menschenrechtsinitiative der Geschichte

Wenden wir uns der deutschen Einheit zu, die Sie als Höhepunkt Ihres politischen Lebens beschrieben haben. Sie waren an den entscheidenden Weichenstellungen maßgeblich beteiligt. Die Vereinigung Deutschlands war auch das Ergebnis eines historischen Prozesses der Überwindung der Teilung Europas. Dies war das Ziel der KSZE. War der KSZE-Prozess der Anfang vom Ende des Kalten Krieges?

Als Ergebnis des Zweiten Weltkrieges blieb die Verantwortung von vier Mächten – der USA, der Sowjetunion, Frankreichs und Englands – für Deutschland als Ganzes. Die Formulierung »als Ganzes« war für uns außerordentlich wichtig, weil darin das Bekenntnis zum Ziel der deutschen Einheit enthalten war. Auch wenn der Alliierte Kontrollrat in seiner Funktion als oberstes Organ der vier Mächte seit langem nur noch bestand, aber nicht genutzt wurde, kam durch seine bloße Existenz zum Ausdruck, dass man an der gemeinsamen Verantwortung für Deutschland als Ganzes festhalten wollte. Nicht uns zuliebe, sondern um wenigstens formal ein Mitspracherecht in den jeweils anderen Besatzungszonen zu behalten. Innerhalb dieses Verantwortungsbereiches fand, wie auch zwischen den beiden deutschen Staaten, der Wettbewerb der Systeme statt. In diesem Wettbewerb steuerte, das wurde immer deutlicher, das sozialistische System auf eine dramatische Niederlage zu. Schon der Volksaufstand am 17. Juni 1953 signalisierte diese Niederlage, auch wenn er durch die Intervention sowjetischer Truppen blutig niedergeschlagen wurde. Auch der Mauerbau 1961 mitten durch eine Stadt, mitten durch ein Land, war gewiss kein Zeichen von Stärke, sondern von Schwäche.

Heute kann man sagen: Der Mauerbau war der Anfang vom Ende des Sozialismus. Die Führung in Ostberlin entwickelte ein Wagenburg-Denken, igelte sich ein. Später kam man offensichtlich in Moskau und Ostberlin zu der Auffassung, dass die faktische Teilung Deutschlands nicht ausreicht und wohl auch nicht auf Dauer aufrechtzuerhalten sei. Man brauchte die Bestätigung der deutsch-deutschen Grenze als Staatsgrenze durch die europäische Staatengemeinschaft, also einschließlich der beiden deutschen Staaten – was von der DDR erwünscht, für die Bundesrepublik Deutschland aber inakzeptabel war.

Ein Rückblick auf die Geschichte nach dem Zweiten Weltkrieg zeigt, dass es immer wieder Freiheitsrevolutionen im sowjetischen Machtbereich gegeben hat: 1953 in der DDR, 1956 in Ungarn, 1968 in der Tschechoslowakei und immer wieder in Polen. Die Sowjetunion hatte Mitte der sechziger Jahre bereits eine defensive Position eingenommen. Sie hatte die Vorstellung, ganz Europa unter ihren Einfluss bringen zu können, wahrscheinlich schon aufgegeben, jedenfalls für absehbare Zeit. Sie wollte den

Status quo garantiert haben, mit einer Art Status-quo-Bestätigungskonferenz. Deshalb die sowjetische Initiative für eine gesamteuropäische Sicherheitskonferenz, niedergelegt in der Bukarester Erklärung des Warschauer Paktes vom Juli 1966. Wobei es das operative Ziel der sowjetischen Politik war, die Unveränderbarkeit der Grenzen in Europa festzuschreiben, was die Anerkennung der Unveränderbarkeit auch der deutsch-deutschen Grenze bedeutet hätte. Damit wäre die Aufhebung dieser Grenze ausgeschlossen worden.

Neben der Bestätigung der Unveränderbarkeit der deutsch-deutschen Grenze verfolgte die Sowjetunion ein zweites strategisches Ziel, nämlich die USA aus Europa hinauszudrängen. Auf der einen Seite hielt man an der Viermächte-Verantwortung mit dem Ziel fest, auch über Westdeutschland, wenn es darauf ankam, mitreden zu können, auf der anderen Seite aber wollte man den Einfluss der USA zurückdrängen. Deshalb hieß es auch gesamt*europäische* Friedenskonferenz. Gesamteuropäisch sollte heißen: ohne die USA.

Ich fand den sowjetischen Konferenzvorschlag als solchen sofort interessant. Welche Chance, an einer großen Staatenkonferenz teilnehmen zu können, bei der es auch um Deutschland gehen würde! Aber der Begriff »gesamteuropäisch« durfte nicht »ohne USA« bedeuten. Mir war rasch klar, dass dies der Knackpunkt sein würde. Also beschloss ich, mich positiv zum sowjetischen Vorschlag zu äußern, verbunden mit dem Hinweis, dass er in wichtigen Bereichen der Ergänzung beziehungsweise Abänderung bedürfe.

Meine Erklärung stieß auf eine heftige Reaktion aus München. Franz-Josef Strauß verlangte eine Sondersitzung des Koalitionsausschusses. Ich fühlte mich geschmeichelt, so ernstgenommen zu werden, denn ich war 1965 gerade erst Abgeordneter geworden. Allerdings hatte ich das wichtige Amt des Parlamentarischen Geschäftsführers meiner Partei übernommen, was meiner Erklärung ein gewisses Gewicht verlieh. Der Vorsitzende der CDU/CSU-Fraktion, Rainer Barzel, gab sich größte Mühe, koalitionspolitisch den Ball flach zu halten. Ich war nicht sicher, ob er meine Auffassung teilte.

Meine positive Haltung zum sowjetischen Vorschlag entsprang dem Eindruck, dass hier eine Konferenz möglich würde, auf der, gewollt oder ungewollt, zum einen über Deutschland geredet werden musste, auf der wir zum andern erleben würden, so meine Erwartung, dass der vermeintliche sowjetische Block in Wahrheit gar kein Block war. Ich habe immer darauf geachtet, nicht vom Block zu reden, weil ich Zweifel hatte, dass die Block-Idee zutreffend war. Ich konnte mir nicht vorstellen, dass die Staaten, die im sowjetischen Machtbereich lagen, vollkommen gleich denken würden wie die Sowjetführung – auch wenn ihre Führungen ideologisch mit der Sowjetunion übereinstimmten und die Führungsrolle der KPdSU anerkannten.

Deshalb trat ich dafür ein, dass man auf den Konferenzvorschlag des Warschauer Paktes eingeht. Allerdings unter der Voraussetzung, dass ohne jede Einschränkung und von Anfang an die USA und Kanada dabei sind. Kanada deshalb, weil damit alle NATO-Staaten einbezogen wurden, was sonst nicht der Fall gewesen wäre. Ich war auch dafür, den Aufgabenbereich zu erweitern, wie es dann ja später auch gelungen ist. Besonders das Thema Menschenrechte erwies sich als entscheidender Punkt.

Im Jahr 1969, als sich nach der Wahl von Gustav Heinemann zum Bundespräsidenten abzeichnete, dass es zu einer Koalition zwischen Sozialdemokraten und FDP kommen könnte, entschloss sich die sowjetische Führung, Parteidelegationen der beiden denkbaren künftigen Regierungsparteien einzuladen. Sie nannten auch die Namen derjenigen, die sie empfangen wollten. Das waren bei den Sozialdemokraten der damalige SPD-Fraktionsvorsitzende Helmut Schmidt sowie Alex Möller und Egon Franke. Alle drei gehörten dann ab Herbst 1969 der Regierung Brandt als Minister an. Bei der FDP waren es Walter Scheel als Parteivorsitzender, Wolfgang Mischnick als Fraktionsvorsitzender und ich als stellvertretender Parteivorsitzender und Parlamentarischer Geschäftsführer. Auch Scheel und ich wurden Minister der neuen sozialliberalen Regierung, während Mischnick Vorsitzender der Bundestagsfraktion blieb.

Die SPD-Delegation wurde von Außenminister Andrej Gromyko empfangen, er war ihr Hauptgesprächspartner. Wir hingegen wurden von Alexej Kossygin empfangen, dem Vorsitzenden des sowjetischen Ministerrates. Beide waren Mitglied des Politbüros, aber Kossygin stand in der staatlichen Hierarchie höher. Er sprach mich an, konzentrierte sich voll auf mich, weil er wusste, dass ich mich bereits öffentlich für eine Teilnahme der USA an der Konferenz eingesetzt hatte, und fragte, warum ich das denn wolle. Es heiße doch Gesamteuropäische Konferenz, und die USA seien kein europäisches Land. Darauf fragte ich zurück, warum die Sowjetunion wolle, dass die USA an der Viermächteverantwortung für Deutschland beteiligt sind? Man könne die Konferenz doch nicht ohne die deutsche Frage abhalten. Ich spürte, dass das für ihn ein wichtiger Punkt war. Dennoch war es richtig, dass Deutschland auf der Teilnahme der USA bestand. Ich hätte mich gegen unsere Teilnahme gewandt, wenn die USA nicht dabei gewesen wären. Allerdings muss man sagen, dass Washington die Konferenz zunächst nicht als wichtig einschätzte. Und was uns betraf, so war ich der erste deutsche Politiker überhaupt mit einem gewissen politischen Gewicht, der sich in Moskau zu Ost-West-Verhandlungen in einer Weise geäußert hat, die ein sinnvolles Gespräch eröffnete.

Insgesamt war das Interesse an der Konferenz in Europa anfangs nicht sehr groß, obwohl sie 1973 mit großem Aufwand in Helsinki eröffnet wurde. Walter Scheel führte damals als Außenminister die deutsche Delegation an. Es gab im Grunde drei Parteien, die dagegen waren. Zum einen die Kommunisten in Albanien, die befürchteten, dass ihr Verhältnis zu China, dem einzigen wichtigen Partner, den sie in der kommunistischen Welt hatten, belastet werden könnte. Die zweite Partei, die dagegen war, waren die Neofaschisten in Italien und die dritte war die CDU/CSU in Deutschland. Das war umso erstaunlicher, als sogar der Heilige Stuhl – der Vatikan – sich entschlossen hatte, an der Konferenz teilzunehmen. Er ist ja ein Völkerrechtssubjekt. Es spricht für Helmut Kohl, dass er später vor dem Deutschen Bundestag erklärte, die damalige Ablehnung der KSZE durch seine Partei sei ein Fehler gewesen. Wie befangen der Westen bei der Behandlung dieser enorm chancenreichen Unternehmung war, sieht man daran, dass er größten Wert darauf legte, dass das Abschlussdokument als »Schlussakte« bezeichnet wurde und nicht als völkerrechtlicher Vertrag. Obwohl alles, was darin enthalten war, den westlichen Vorstellungen entsprach. Das war das eine, was erstaunlich war; das andere war, dass die Bundesregierung mit äußerster Energie um eine Zustimmung des Westens für den Vorschlag der Sowjetunion kämpfen musste, dass alle zwei Jahre Überprüfungskonferenzen stattfinden sollten. Mir war völlig unverständlich, warum die Kollegen – ich war inzwischen Bundesaußenminister – dagegen waren. Wenn man den Text der Schlussakte las, war doch offenkundig – ich habe das auch im Bundestag gesagt –, dass nicht wir uns ändern mussten, sondern die Sowjetunion und ihre Partner. Also mussten wir doch ein Interesse daran haben, völlig legitim und ohne, dass man uns vorwerfen konnte, wir hätten uns in die inneren Verhältnisse eines anderen Landes eingemischt, überprüfen zu können, ob und inwieweit die Schlussakte verwirklicht worden ist.

Die Wirkung der Konferenz wurde interessanterweise von den jeweiligen orthodoxen Kräften in Ost und West unterschätzt. In Moskau wurde von den Kräften um den Parteiideologen Michail Suslow die Auswirkung auf die innere Entwicklung der Sowjetunion und der Warschauer-Pakt-Staaten unterschätzt; im Westen wurden die Chancen unterschätzt, die eine solche Konferenz für die Auflockerung des Ost-West-Verhältnisses sowie für eine stärkere Herausbildung nationaler Identitäten und des Bewusstseins jeweils eigener Entwicklungsmöglichkeiten in den Staaten Osteuropas bot.

Welche Gegner hatten Sie in Deutschland bei diesem Vorhaben?

Mit den Sozialdemokraten waren wir uns völlig einig. Helmut Schmidt war schon Bundeskanzler. Ich bin ja am selben Tag, an dem er Kanzler wurde, Außenminister geworden, im Mai 1974, und die Schlussakte wurde am 1. August 1975 unterzeichnet. Die entscheidende große, offene Frage war die Frage der Unveränderbarkeit der Grenzen. Ich werde nie vergessen, wie bei einer unserer ersten Begegnungen Gromyko zu mir sagte: »Ihre Verbündeten haben ja dem Prinzip der Unveränderbarkeit der Grenzen bereits zugestimmt« – gemeint waren die drei Westmächte. Für uns aber war wichtig, dass der *peaceful change*, die friedliche Veränderbarkeit der Grenzen, möglich bleiben sollte. Also antwortete ich ihm: »Sie sind ja nicht an deren Unterschrift interessiert, sondern an unserer.« Darauf sagte er: »Nein, Herr Genscher, Sie wollen die Oder-Neiße-Grenze nicht anerkennen.« Worauf ich erwiderte: »Wenn das Ihr Problem ist, das können wir lösen. Wir können uns auf die deutsch-deutsche Grenze beziehen und reinschreiben, dass nur sie friedlich verändert werden kann.« Viel später hat Egon Bahr gesagt, diese Frage dürfe man nicht überbewerten, denn ganz sicher hätten wir die Konferenz daran nicht scheitern lassen. Das hätten wir sehr wohl. Ich sage definitiv: Ohne die Offenhaltung der deutschen Frage hätte es keine deutsche Unterschrift gegeben.

Das war unser deutsches Interesse, denn wenn wir Unveränderbarkeit vereinbart hätten, hätten die beiden deutschen Staaten, selbst wenn sie es gewollt hätten, sich nicht wiedervereinigen können. Hier wurde etwas deutlich, was von vielen damals nicht voll verstanden worden ist, nämlich der Prozesscharakter von Außenpolitik. Die Möglichkeit, durch Veränderung von äußeren Umständen innere Entwicklungen zu beeinflussen – letztlich revolutionäre Entwicklungen, bei denen immer wieder die Frage gestellt werden musste, nützt das unseren Zielen? Ja oder nein?

Ich will dafür ein Beispiel nennen: Als die Unterzeichnung der Schlussakte von Helsinki bevorstand, gab es zwei große Bundestagsdebatten, in denen der Hauptredner, der CDU/CSU-Fraktionsvorsitzende Karl Carstens, begründet hat, warum Deutschland aus Sicht seiner Partei als einziges Land diese Schlussakte nicht unterzeichnen sollte. Es war eine harte Auseinandersetzung, ein harter Kampf, der übrigens, wenn unsere damaligen innenpolitischen Gegner gesiegt hätten, uns auch im Westen isoliert hätte. Denn unsere westlichen Partner hatten inzwischen voll erkannt, welche Chancen sich für die Ost-West-Entwicklung aus diesem Prozess ergaben, auch für Deutschland. Ich muss sagen, dass die Schlussakte mit ihrem sogenannten Korb drei die größte und erfolgreichste Menschenrechtsinitiative der Geschichte war. Zum ersten Mal wurde die Durchsetzung von Menschenrechten zum Gegenstand einer Diskussion und einer Vereinbarung zwischen zwei verschiedenen politischen Systemen. Das war etwas ganz Erstaunliches und auch Erfolgreiches. Es zeigte sich aber auch, dass bei den drei »Körben« – erstens die Prinzipien, zweitens die Zusammenarbeit, drittens die humanitären Fragen – die Körbe zwei und drei sozusagen gegeneinander aufgerechnet wurden. Die Sowjetunion erhoffte sich viel von Korb zwei, wir von Korb drei, und bei Korb eins waren alle unsicher, welche Ergebnisse hier erreicht werden konnten.

Sie haben diese Chancen damals gesehen. Wie würden Sie aus heutiger Sicht den Anteil der KSZE und der Entspannungspolitik am Ende des Kalten Krieges, am Zusammenbruch der Sowjetunion gewichten? Im Vergleich zu den wirtschaftlichen Schwierigkeiten der Sowjetunion und zum Rüstungswettlauf?

Zum einen hat die deutsche Ostpolitik wesentlich dazu beigetragen, Feindbilder abzubauen. Sie hat damit dazu beigetragen, das Ost-West-Verhältnis zu entgiften. Man kann deshalb auch die Wirkung des Kniefalls von Willy Brandt in Warschau gar nicht hoch genug einschätzen. Ein Deutschland, das einen Kanzler mit diesem Lebensweg und dieser inneren Haltung hat, frei gewählt, dem kann man nicht mehr so gegenübertreten, als ob es ein Nachfolgestaat des Dritten Reiches wäre. Das war psychologisch von außerordentlicher Bedeutung. Abbau von Feindbildern bedeutet natürlich auch eine Veränderung der inneren Haltung von Völkern zueinander. Das heißt, die Sprache verändert sich. Eine gewisse Militarisierung der

Sprache ist plötzlich beendet. Und damit wird man auch offener und nimmt zur Kenntnis, was die andere Seite sagt.

Später, schon innerhalb einer neuen Regierung, der Regierung Kohl, hat das bei der Einschätzung von Michail Gorbatschow eine Rolle gespielt. Es war ganz entscheidend zu erkennen, dass eine Veränderung der inneren Politik der Sowjetunion zwangsläufig Auswirkungen haben musste auf deren Außenpolitik. Ich war mir ganz sicher, dass das, was Gorbatschow sagte, ernstgemeint war.

Wie kamen Sie dazu? Sie waren doch nicht der Erste, der ihn getroffen hat. Bundeskanzler Kohl hatte ihn 1985 bei der Beerdigung von Generalsekretär Konstantin Tschernenko getroffen. Er hatte offenbar überhaupt nicht den Eindruck, dass hier ein Generalsekretär neuen Typs in den Kreml einzieht.

Ich hatte mich mit der Frage befasst, wer wohl der Nachfolger von Tschernenko werden würde. Dazu hatte ich zu einer Diskussion in den Bierkeller unseres Bonner Hauses eingeladen. Da war eine Reihe von Leuten dabei, die etwas von den Vorgängen in Moskau verstanden. Hauptakteure waren Andreas Meyer-Landrut, in den achtziger Jahren zweimal deutscher Botschafter in Moskau, und der Sowjetunion-Experte Wolfgang Leonhard. Beide sagten: Gorbatschow. Sie haben sehr sachverständig begründet, warum sie zu diesem Ergebnis kamen. Die Entscheidung in Moskau ging um die Frage, wird es der Verständigungsbereite oder der Hardliner? Gegenkandidat war der Parteisekretär von Leningrad, Grigori Romanow – ein bekannter Hardliner.

Die Wahl von Gorbatschow war ein revolutionärer Akt. Denn er wurde gewählt, obwohl er als Vertreter einer Öffnung zum Westen galt. Da setzten sich in der Führung Kräfte durch, die eine Annäherung an den Westen wollten, und er erfüllte dann auch die Erwartungen dieser Gruppierung. Nach Meinung von Leonhard und Meyer-Landrut hatte die Veränderung des politischen Klimas zwischen West und Ost durch den KSZE-Prozess dazu beigetragen, dass der Verständigungsbereite eine Chance hatte, nach vorn zu kommen.

Die vielleicht wichtigste Erkenntnis für mich aus dem KSZE-Prozess ist die, dass eine langfristig angelegte Politik ohne Beachtung des – oft mühsamen – Prozesscharakters nur selten erfolgreich ist. Geduld und Beharrlichkeit bei der Verfolgung langfristiger politischer Ziele sind nicht mit Tatenlosigkeit zu verwechseln. Meine damaligen Gegner wurden schon deshalb von der Geschichte beschämt, weil sie über keine Alternative verfügten und sich auch nicht darum bemühten. Nachdem ich mich innerlich auf den KSZE-Prozess und seine langfristigen Wirkungen festgelegt hatte, erkannte ich die Notwendigkeit, Hindernisse zu überwinden, zu umgehen oder durch Veränderung der Rahmenbedingungen gegenstandslos zu machen. Offen gesagt: Dass dieser Prozess so schnell zum Erfolg führen würde, war auch für mich überraschend. Historisch gesehen war es eine kurze Zeit von der Unterzeichnung der Schlussakte von Helsinki 1975 bis zum Fall der Mauer 1989. Angesichts der aktuellen Lage in der europäischen Entwicklung lohnt es sich, daran zu erinnern. Auch die europäische Einigung ist ein langfristiger, Geduld erfordernder Prozess, und es ist kaum zu glauben, dass heute ernsthaft die Auffassung vertreten wird, die Zukunft der Europäischen Union könne verbessert, manche sagen sogar gerettet werden, wenn man eine Politik des »Weniger Europa« betreibt. Umgekehrt wird ein Schuh daraus. Die europäische Einigung kann nur verwirklicht werden mit der Devise »Mit mehr Europa Hindernisse und Fehlentwicklungen überwinden«.

Aufbruch hinter dem Eisernen Vorhang

Es heißt, der sowjetische Generalsekretär Juri Andropow, der als ehemaliger Chef des KGB die schwierige Lage der Sowjetunion am besten kannte, habe Gorbatschow zu seinem unmittelbaren Nachfolger erkoren. Gorbatschow war ein enger Mitarbeiter Andropows und galt als Reformer. Wie kam es, dass Konstantin Tschernenko dann der Nachfolger wurde?

Die Umstände dieser Wahl sind erstaunlich. Offensichtlich hatte Andropow in einem Brief an das Zentralkomitee der Partei dargelegt, dass er seine Amtsgeschäfte auf absehbare Zeit nicht weiterführen könne. Er war unheilbar erkrankt. In diesem Schreiben hat er, so heißt es, Gorbatschow als einen möglichen Vertreter während seiner Abwesenheit benannt. Diese Empfehlung habe Tschernenko ausgelassen, als er vor dem Zentralkomitee den Brief verlas. Gorbatschow habe damals überlegt, ob er den Betrug aufdecken solle. Er kannte den Wortlaut des Briefes. Dann sei er aber zu dem Schluss gekommen, dass auch Tschernenko wegen seines Gesundheitszustands nicht lange im Amt bleiben werde. So ist es ja auch gekommen. Die Perestroika hätte also früher beginnen können.

Ging es bei der Entscheidung für Gorbatschow eher um außen- oder um innenpolitische Weichenstellungen?

Die Einschätzung, dass ökonomische Schwierigkeiten die Kursänderung im Kreml bewirkt haben könnten, halte ich für falsch. Das ist zunächst eine Verkennung der Möglichkeiten eines diktatorischen Systems. Ein solches System kann auch schlimmste Notzeiten mit Brutalität und Unterdrückung überstehen. Wenn man bedenkt, dass es in der Stalin-Zeit Jahre gab, in denen zwanzig Millionen Menschen verhungert sind, dann wird einem klar, was ein solches System bereit, aber auch in der Lage ist, seinem Volk zuzumuten. Die Annahme, dass ökonomische Probleme den Wandel im Kreml hervorgerufen haben, ist also von vornherein eine Illusion. Es mussten andere Faktoren hinzukommen. Auf jeden Fall spielte der schon erwähnte Feindbildabbau eine Rolle, der ja bereits in der Breschnew-Zeit mit der Entspannungspolitik begonnen hatte und eben eine andere Einschätzung der Akteure nach sich zog. Wenn man die Gespräche nachliest, die geführt worden sind in dieser Zeit, ob von Brandt oder Schmidt als Bundeskanzler oder von Scheel und mir al s Außenminister, dann war das schon ein ganz anderer Ton als zuvor.

Gorbatschow musste gegen viel Unverständnis und viele Vorurteile im Westen ankämpfen. Die Vorstellung, dass ein kommunistischer Führer eine Änderung der Politik in Richtung Kooperation mit dem Westen wollen könnte, war für manche unvorstellbar. Das erklärt das tiefe Misstrauen, dem Gorbatschow im Westen begegnete – vor allem in Erklärungen, die man aus Washington und London hörte. Aber auch in Deutschland gab es bekanntlich Vorurteile, die offen ausgesprochen und keineswegs als Geheimsache behandelt wurden. Sie beruhten nicht zuletzt auf der restriktiven Ostpolitik der CDU/ CSU, die der damalige Bundeskanzler Helmut Kohl von Anfang an unterstützt hatte, also Ablehnung der Ostverträge, Ablehnung der Schlussakte von Helsinki. Das verlängerte sich später auch noch in andere Bereiche hinein.

Andererseits war Kohl bewusst, dass die Begründung einer Koalition mit der FDP, die ihm 1982 die Kanzlerschaft ermöglicht hatte, nicht zu einer Revision der sozialliberalen Ostpolitik führen konnte. Es hat Leute gegeben, die der Meinung waren, dass der Regierungswechsel von 1982 von langer Hand vorbereitet gewesen sei. Das war er wirklich nicht. Das konnte er auch gar nicht sein. Schon wegen der Sorge in der FDP, was mit der Ostpolitik geschieht. Wenn man den Parteitag der FDP 1982 in Berlin ansieht und die Stimmung in meiner Partei damals, dann zeigt sich, dass die größte Sorge der normalen FDP-Mitglieder – also nicht derjenigen, die ideologisch auf eine Dauer-Zusammenarbeit mit der SPD festgelegt waren – neben der Rechtspolitik die Ostpolitik betraf. Mit der CDU, so die weitverbreitete Meinung, werde das alles zunichtegemacht. Deshalb sage ich, dass es eine große politische Leistung von Kohl war, die Union auf die neue politische Linie einzuschwören. Letztlich beugte sich auch Hardliner Franz-Josef Strauß dieser Linie, dann allerdings mit dem ihm eigenen Eifer, wie der berühmte Milliardenkredit zeigt.

Wir hatten zwei Koalitionsverhandlungen damals, 1982 und 1983. 1983 ging es um eine marginale Frage, die den innerdeutschen Handel betraf. Es gab eine Marge innerhalb der Verrechnungen zwischen der Bundesrepublik und der DDR, die die DDR in Anspruch nehmen konnte, einen Überziehungskredit, der »Swing« genannt wurde. Da hatte sich Strauß gewaltig aufgebaut, ohne Erfolg. Nun plötzlich kam er mit dem von ihm eingefädelten Milliardenkredit für die marode DDR. Große Aufregung. Kohl bat mich um ein Gespräch. Ich bin ins Kanzleramt gefahren, wo er mich über die Strauß-Idee informierte. Meine Reaktion: Ich erhebe keine Einwände, wenn Strauß dafür seine Quengeleien gegen die Ostpolitik einstellt.

Bedeutete ein solcher Kredit an die DDR, die hochverschuldet und zum Schluss bankrott war, nicht eine Stabilisierung des SED-Regimes?

Ich glaube, dass der Betrag dafür nicht groß genug war. Eine Milliarde! Bedenkt man, was wir heute im Rahmen währungspolitischer Vereinbarungen auf den Tisch legen, dann war das kein gigantischer Betrag. Er hat das Leben der DDR nicht verlängert. Sie wäre ohne den Kredit auch nicht früher zusammengebrochen. Das war nicht das Problem. Die DDR hatte ein anderes Problem: dass die durch die Entspannungspolitik eingeleitete Situation im Lande immer schwieriger, im Grunde unhaltbar wurde. Und zwar deshalb, weil das Feindbild Bundesrepublik nicht mehr passte. Aufgrund von Zugeständnissen bei den Reisemöglichkeiten sahen immer mehr Menschen, wie es in der Bundesrepublik aussah.

Helmut Kohl fragte mich, was ich davon hielte, wenn Erich Honecker zu einem Staatsbesuch nach Bonn käme. Da habe ich gesagt, der kann gar nicht lange genug kommen. Jede Stunde, die er länger bleibt, werden sich in der DDR tausend Leute mehr fragen: Warum darf der seine saarländische Heimat besuchen, und ich darf nicht reisen, wohin ich will? Angesichts der hysterischen Überbetonung der Teilung Deutschlands und der eigenen DDR-Identität durch die SED-Führung habe ich es für einen strategischen Fehler von Honecker gehalten, dass er den Besuch in Bonn angetreten hat.

Immerhin hat dieser Besuch der DDR internationale Anerkennung als eigenständiger Staat gebracht, die Honecker immer angestrebt hat.

Ich weiß gar nicht, ob das so war. Aber die innere Verfasstheit der DDR hat sich total verändert. Und das ist das Eigentliche, was sich da vollzogen hat. Im Oktober 1989 haben in Leipzig die Leipziger demonstriert und nicht die Ausländer.

Immer wieder wird darüber debattiert, ob die DDR ein Unrechtsstaat war oder nicht. Sie selbst haben bis 1952 in der DDR gelebt. Was sagen Sie zu dieser merkwürdigen Diskussion?

Weil ich die DDR 1952 verließ, habe ich nur einen kleinen Teil ihres Bestehens unmittelbar erlebt. Aber jeder,

der die Frage stellt, ob die DDR ein Unrechtsstaat war oder nicht, muss die Frage beantworten: Wenn sie kein Unrechtsstaat war, was war sie dann? War sie ein Rechtsstaat? Das wird niemand ernsthaft behaupten wollen. Es gab keine unabhängigen Richter, es gab keine Meinungsfreiheit, es wurde auf Leute geschossen, die das Land verlassen wollten. Kann es ein Rechtsstaat sein, wenn die Maxime gilt: Die Partei hat immer recht, wenn über den Ausgang bestimmter Verfahren in Parteigremien entschieden wird, wenn die Medien kontrolliert werden und die Meinungsfreiheit unterdrückt wird?

Es ist falsch, davon auszugehen, dass die Deutschen im Osten nur den höheren Lebensstandard des Westens gesehen haben. Ich bin überzeugt, dass die Revolution von 1989 sehr viel mehr eine Freiheitsrevolution war als eine Wohlstandsrevolution. Das war eine von tiefem Freiheitswillen geprägte Bewegung. Sie war in ihrem Kern anders als der Volksaufstand von 1953, der noch viel stärker geprägt war vom Gefühl der inneren Einheit des Landes. 1989 war man sich der über vierzig Jahre währenden getrennten Entwicklung bewusst, aber bewusst in dem Sinne, dass man im Osten keine eigene Identität verspürte. Es war hochinteressant, dass die DDR-Führung immer wieder versuchte, eine solche Identität herzustellen, etwa mit dem Begriff der Sozialistischen Nation, was schon zeigte, dass es an anderen Identitätsmerkmalen fehlte. Die DDR hat deshalb in ihrer Bevölkerung auch keine tiefen Wurzeln schlagen können. Dem steht nicht entgegen, dass die Linkspartei heute eine relativ starke Kraft entfaltet. Das hängt zum Teil damit zusammen, dass alte Erinnerungen eine Rolle spielen, zum Teil aber auch damit, dass Auffassungen vertreten werden, die von sozialistischem Denken geprägten Menschen attraktiv erscheinen.

Natürlich hat die Linkspartei auch Anhänger im Westen, wobei interessant ist, dass von Realos und Nicht-Realos gesprochen wird. Realos im Osten, Nicht-Realos im Westen – auch das ist eine interessante Entwicklung. Im Grunde holt das siebzigjährige demokratische Deutschland etwas nach, was ganz Europa betrifft. Wir dürfen nicht vergessen, dass es in der gesamten Zeit bis 1989 praktisch in allen europäischen Ländern kommunistische, halbkommunistische, linkssozialistische Parteien gegeben hat, nur bei uns nicht. Das war einfach das ernüchternde Beispiel der DDR, das die Westdeutschen davon abgehalten hat, in diese Richtung zu denken.

Für mich ist entscheidend, dass die Ursachen für die Freiheitsrevolution von 1989 nicht verwässert werden. Hauptursache war ein tiefer Freiheits- und Demokratiewille der Menschen. Und dieser Wille bahnte sich in dem, was Gorbatschow mit »neuem Denken« bezeichnete, einen Weg. Das war die Ursache. Und nicht materielle Dinge.

Als Sie am 30. September 1989 auf dem Balkon der deutschen Botschaft in Prag Tausenden von Flüchtlingen aus der DDR die Freiheit ankündigten, ahnten Sie da, dass nur wenig später die Mauer fallen würde?

Es war zumindest klar, dass es im Gebälk des DDR-Systems mächtig krachte. Zwanzig Tage zuvor hatten die

Ungarn ihre Grenzen geöffnet. Die Stimmung im Osten war aufgeheizt, vorrevolutionär. Mir war bewusst, dass die Situation der mehr als viertausend Botschaftsflüchtlinge, die in den Westen wollten, nicht nur eine humanitäre Bedeutung hatte, sondern auch eine sehr politische.

Viertausend Menschen, die ihre Verwandten, ihre Heimat und ihren Besitz zurückgelassen hatten für eine ungewisse Zukunft. Wie war die Atmosphäre?

Es war dunkel, ein Kameralicht leuchtete mich an mit der Folge, dass ich niemanden erkennen konnte. Ich war angespannt, hatte Herzrhythmusstörungen, war erst am Morgen von der UN-Herbsttagung in New York zurückgekommen. Ich musste das Vertrauen der Flüchtlinge gewinnen, wollte aber die Hardliner der DDR-Regierung so kurz vor dem Ziel nicht provozieren. Also gab ich mir Mühe, nüchtern und sachlich zu klingen, damit das Ganze nicht nach Triumph aussah. Aber schon als ich anhob und »Liebe deutsche Landsleute« sagte, brach Jubel aus. Dann musste ich mitteilen, dass die Ausreise per Zug nicht direkt, sondern über DDR-Gebiet zu erfolgen hatte. Die Stimmung sank in den Keller. Die Menschen hatten eine unendliche Angst. Da sagte ich ihnen: Ich übernehme die persönliche Bürgschaft, dass Ihnen nichts passiert. Das war ein großes Wort, aber ich war mir sicher, die DDR-Führung würde ihre Zusage halten. Zwei Stunden später rollte der erste Zug.

Diese Momente gingen unter die Haut. Es war unglaublich bewegend. Ich konnte mich in die Lage der

Flüchtlinge gut versetzen, ihre Beweggründe gut verstehen. Immerhin hatte ich 1952 als Fünfundzwanzigjähriger selbst die DDR verlassen – unter gänzlich anderen Umständen, aber aus den gleichen Gründen. Die Flüchtlinge haben ihr Schicksal in die eigenen Hände genommen und damit Geschichte geschrieben. Sie haben das Tor zur Freiheit nicht nur für sich selbst geöffnet. Der Druck auf die Mauer war unumkehrbar geworden.

Wie kam es, dass dem SED-Politbüro die Tragweite dieser Aktion nicht bewusst war?

Was am Ende die Entscheidung Ostberlins ausgemacht hat, weiß ich nicht, aber sie zeigt die völlige Realitätsferne der DDR-Führung. Das war ja so, als würde jemand mit einer brennenden Fackel durch die Scheune laufen und sich wundern, dass das Stroh Feuer fängt. Diese Züge in den Westen, so viel war uns klar, würden die Menschen im Osten aufwühlen – und so kam es dann ja auch. Dabei hatten wir dem SED-Politbüro direktere Transportwege angeboten.

Haben Sie am Morgen des 9. November 1989 beim Frühstück gedacht: Heute könnte die Mauer fallen?

Gefrühstückt habe ich zu Hause in Wachtberg. Später am Tage sind der Bundeskanzler und ich nach Warschau zu einem offiziellen Besuch geflogen. Dort haben wir dann beim Abendessen erfahren, dass die Mauer gefallen ist. Damit hatte an diesem Tag niemand gerechnet. Dass es ausgerechnet der 9. November war, der deutsche Schicksalstag schlechthin, ist schon bedenkenswert. Am 9. November 1848 wurde in Wien der liberale Abgeordnete der Frankfurter Paulskirche, Robert Blum, unter Bruch der Immunität standrechtlich erschossen, weil er die Revolution in Österreich unterstützte. Er war übrigens der Abgeordnete für Leipzig, wo mit der Massendemonstration am 9. Oktober 1989 die endgültige Entscheidung über die Zukunft der DDR fiel. Am 9. November 1918 rief Philipp Scheidemann in Berlin nach der Abdankung des Kaisers die Republik aus. Am 9. November 1923 scheiterte Hitler mit seinem Putsch in München. Am 9. November 1938 begann die Kampagne der Nationalsozialisten zur Vernichtung der Juden. Das war keine »Reichskristallnacht«, das war eine Menschenverfolgungs- und Mordnacht. Und dann der Mauerfall. Das war die Erfüllung deutscher Demokratiegeschichte.

Haben Sie immer daran geglaubt, die Wiedervereinigung noch zu erleben?

Mein Großvater war ein Bauer in der Nähe von Halle. Bei ihm waren um die Jahreswende 1945/46 russische Soldaten einquartiert. Am Neujahrsmorgen sagte ich zu ihm: »Hoffentlich hauen die bald ab.« Er sagte nur: »Mein Junge, die bleiben fünfzig Jahre.« Damit lag er richtig. Aber ich war mir immer sicher, dass ich die Einheit Deutschlands noch erlebe, wenn der Herrgott mir eine normale Lebensspanne gewähren würde.

Die Rolle Gorbatschows

Noch einmal zur Bedeutung Michail Gorbatschows für das Ende des Kalten Krieges. In einer Rede 1987 in Davos haben Sie gefordert, den neuen Generalsekretär beim Wort zu nehmen und auf seine Initiativen zu reagieren. Wie sind Sie dazu gekommen?

Ich habe mir die Reden angesehen, die der neue Mann gehalten hat. Natürlich war ich auch vorgewarnt. Ich war ja mit Wolfgang Leonhard befreundet, mit dem ich immer wieder im Meinungsaustausch stand über die Entwicklung in der Sowjetunion. Er las laufend sowjetische Zeitungen und konnte deshalb auch zwischen den Zeilen der Propaganda lesen. Als ein Mann, der in jungen Jahren zu den engsten Kadern der SED gehört hatte, vermochte er das ohnehin. So gewann ich den Eindruck, dass Gorbatschow eine ernsthafte Veränderung wollte. Allerdings sah es zunächst so aus, dass er den Sozialismus für reformierbar hielt. Er würde uns heute bestätigen, dass das ein Irrtum war, und dieser Irrtum wurde von ihm selbst sehr bald schon korrigiert. Er spürte sehr bald, dass das System von Grund auf verändert werden muss. Mein erstes Gespräch mit ihm 1986 hat das unmißverständlich offenbart, so dass ich anschließend dem Politischen Direktor des Auswärtigen Amtes, Gerold von Braunmühl – der bald darauf von der RAF ermordet wurde –, gesagt habe, wenn der das alles macht, was er uns hier gesagt hat, dann haben wir zum ersten Mal die reale Chance, unser großes Ziel der Vereinigung zu erreichen. Das war meine tiefe und feste Überzeugung, denn was in Moskau vor sich ging, war eine wirkliche Veränderung der Lage. Dahinein passte keine Mauer, dahinein passte nicht die zwangsweise Trennung von Familien und Völkern. Es begann eine Entwicklung, die man nicht ignorieren durfte.

Da gab es zum Beispiel den symbolträchtigen Telefonanruf von Gorbatschow beim Friedensnobelpreisträger Andrej Sacharow, der verbannt war und nun nach Moskau zurückkehren durfte. Dort traf ich ihn 1987 zusammen mit Bundespräsident Richard von Weizsäcker. Oder man denke an das berühmte Vier-Augen-Gespräch zwischen Gorbatschow und US-Präsident Ronald Reagan 1986 in Reykjavik. Nach dem Gespräch traf Reagan mit der US-Delegation zusammen. Der Dolmetscher wurde aufgefordert, aus seinen Aufzeichnungen vorzulesen, woraufhin die ganze Delegation die Hände über dem Kopf zusammenschlug. Die Aufzeichnungen lasen sich so, als hätten sich die beiden Staatsmänner auf die Abschaffung aller Atomwaffen geeinigt.

Die vollständige Abschaffung aller Nuklearwaffen ist dann am Insistieren Reagans auf dem Raketenabwehrsystem SDI gescheitert. Wie sehen Sie denn aus heutiger Sicht die historische

Rolle Gorbatschows? Bundeskanzler Kohl hat im Jahre 2001 erklärt, Gorbatschow sei gescheitert.

Nach meiner Überzeugung wird Gorbatschow in die Geschichte eingehen als eine große Persönlichkeit, als ein Mann, der die Kraft gehabt hat, das System, in dem er groß geworden ist, das ihn geprägt hat, in Frage zu stellen, es in seinen Schwächen zu erkennen und sich auf den Weg zu machen, um diese Schwächen zu beseitigen. Seine Forderungen nach Glasnost und Perestroika offenbarten ein neues Denken, das nicht ohne Auswirkungen auf die Außenpolitik bleiben konnte. Hier lag die Ursache für die grundlegende Veränderung der Lage in Europa.

Die immer wiederkehrende Diskussion unter Historikern über die Rolle der Persönlichkeit in der Geschichte ist durch Gorbatschow beantwortet worden. Ausgerechnet durch einen Repräsentanten der kommunistischen Führungsmacht wurde gezeigt, dass eine Persönlichkeit in der Lage ist, die Welt zu verändern. Es ist das historische Verdienst Gorbatschows, dass er neues Denken wagte, aber auch legitimierte. Er bewirkte, dass die immer vorhandenen abweichenden Denkweisen im sowjetischen Lager sichtbar wurden. Plötzlich kannte man Václav Havel, nahm man die Reformer in Ungarn wahr, erschien Solidarność in ganz anderem Licht. Dies erklärt, warum es zu einer europäischen Freiheitsrevolution kam. Jede andere Interpretation muss zu falschen Rückschlüssen führen, weil sie eben nicht durch materielle Nöte bestimmt war.

Es war Gorbatschow nicht vergönnt, sein Land aus

dem Tal der achtziger und neunziger Jahre herauszuführen. Aber es ist ungerecht, ihm vorzuwerfen, er sei der Totengräber der Sowjetunion gewesen. Wenn es einen solchen gab, dann passt diese Rolle eher zu Boris Jelzin. Ihm ging es darum, Gorbatschow loszuwerden. Wenn ich mal die deutsche Beamtensprache bemühen darf: Jelzin entschloss sich, die Planstelle »Präsident der Sowjetunion« zu beseitigen, um den Amtsinhaber seiner Machtposition zu berauben und diese unter dem neuen Namen »Präsident Russlands« selbst einzunehmen. Wobei »Präsident Russlands« gleichzusetzen war mit »Präsident der Gemeinschaft Unabhängiger Staaten«, der neu gegründeten GUS. Diese waren damit einverstanden, die Sowjetunion aufzulösen.

Gorbatschow hat einmal gesagt, der NATO-Doppelbeschluss vom Dezember 1979 hätte für seinen politischen Kurs eine große Rolle gespielt. Wie beurteilen Sie die Wirkung dieses Beschlusses, wenn man bedenkt, wie schwierig er durchzusetzen war in Deutschland?

Es ist interessant, dass die Chancen, die in dem Auftreten von Gorbatschow lagen, in Deutschland und in Europa unter verschiedenen Aspekten gesehen wurden. Weder die Linke noch die konservative Seite hat die Chancen erkannt, die der neue Kreml-Chef eröffnete. Die Konservativen waren ihm gegenüber von Misstrauen bestimmt. Vorurteile, aber auch Unkenntnis verschlossen ihnen die Augen vor den revolutionären Veränderungen in Moskau.

Die Linke hielt es für unmöglich, dass der NATO-Doppelbeschluss, der zum ersten Mal eine Aufrüstungsentscheidung mit einem Abrüstungsvorschlag verbunden hat, tatsächlich zur Abrüstung führen kann. Sie sah nur den Aufrüstungsteil. Diesen sah die konservative Seite wiederum eher als Chance, aber den Abrüstungsteil als Problem, was sich bis in die letzte Phase der Verhandlungen hinein auf deutscher Seite bemerkbar machte.

Der Sowjetführung hat der NATO-Doppelbeschluss gezeigt, dass man die USA nicht aus Europa hinausrüsten kann. Das heißt, der NATO-Doppelbeschluss wirkte als Stoppschild für eine neue nukleare Aufrüstungswelle Moskaus und gleichzeitig als Initialzündung für einen neuen offensiven Abrüstungsschritt bei den Atomwaffen, nämlich die Beseitigung aller nuklearen Mittelstreckenraketen. So kam es zur sogenannten doppelten Nulllösung im Vertrag über nukleare Mittelstreckensysteme (INF-Vertrag) von 1987, also zur Vernichtung aller Raketen mittlerer und kürzerer Reichweite. Sie wurde von vielen als Phantasterei betrachtet und hatte dann diesen großen Erfolg. Aber am Anfang stand der Doppelbeschluss, der in Deutschland eine schwerwiegende Entscheidung notwendig gemacht hatte, auch für mich persönlich, denn ich arbeitete sehr gut mit Bundeskanzler Helmut Schmidt zusammen. Aber seine Partei folgte ihm nicht mehr, was auch der Grund war, dass er sich nach dem Regierungswechsel 1982 nicht mehr als Spitzenkandidat für die Neuwahlen zum Bundestag im März 1983 zur Verfügung stellte. Er wusste, dass es so weitergehen würde wie zuvor, wenn die Wahl von der SPD gewonnen worden wäre.

Für mich war die Zustimmung der CDU/CSU zu Neu-wahlen als Bestätigung unseres Regierungswechsels vom Oktober 1982 unverzichtbar. Es bedurfte eines neuen Wählervotums für eine neue Regierungsmehrheit. Ich war fest davon überzeugt, dass unser Schritt bestätigt wer-den würde, wie es dann auch geschah. Aber die Entschei-dung für den NATO-Doppelbeschluss wurde zur histo-rischen Bewährungsprobe für meine Partei. Ich musste dafür ihre Existenz aufs Spiel setzen.

Der lange Weg zur deutschen Einheit

Bundeskanzler Kohl hat im Jahr 2001 gesagt: »Wenn ich vor vier Jahren gestorben wäre, wäre heute ganz klar, dass Hans-Dietrich Genscher die deutsche Einheit gemacht hätte.« Was sagen Sie dazu?

Dazu fällt mir nichts ein. Die Frage ist vielmehr: Wie war es möglich, dass in wenigen Monaten ein Problem gelöst werden konnte, von dem man jahrzehntelang gesagt hat, es sei das komplizierteste Problem der internationalen Politik? Was war denn geschehen? Die Bundesrepublik hatte sich für den Westen entschieden, der Kalte Krieg trennte Ost und West immer mehr, der Bau der Mauer 1961 schien nicht nur für die Führung im Osten, sondern für viele im Westen die deutsche Frage endgültig beantwortet zu haben, und zwar im für uns negativen Sinne, und nun findet von heute auf morgen die Einheit statt.

Wenn man noch einmal an den 13. August 1961 zurückdenkt und ihn bildlich erfassen will, dann sieht man vor sich Konrad Adenauer, der der Mauer den Rücken zuwendet und im damaligen Bundestagswahlkampf denjenigen, der für das unteilbare Berlin steht, Willy Brandt, in persönlichster Weise angreift. Das war im Grunde der Beginn des Endes der Regierungszeit Adenauers, denn vor diesen Ereignissen im Sommer 1961 war er im Begriff, einen noch größeren Wahlerfolg zu erreichen als 1957. Und nun war er auf die Neubildung der Bundesregierung mit der FDP angewiesen. Damit begann eine neue Diskussion über die deutsche Ostpolitik und letztlich das, was wir heute Entspannungspolitik nennen, was dazu führte, dass durch den Abbau von Feindbildern neue Optionen erkennbar wurden.

Parallel dazu gab es entsprechende Diskussionen im westlichen Bündnis. In der ersten Phase nach dem Zweiten Weltkrieg sicherte sich der Westen richtigerweise militärisch ab durch den Aufbau der NATO als Bollwerk gegen die Expansionsziele der Sowjetunion, aber auch durch die innere Vereinigung Europas. Churchill rief in Zürich 1946 zur Vereinigung des Kontinents auf, wenige Tage später folgte der amerikanische Außenminister James F. Byrnes mit seiner berühmten Rede in Stuttgart, wo er die ökonomische Unterstützung der Amerikaner für den Wiederaufbau Europas ankündigte und gleichzeitig dazu aufforderte, Deutschland einzubeziehen. Dem folgte in den fünfziger Jahren eine Stagnation der westlichen Politik. Man stand sich gegenüber, der Kalte Krieg wurde immer kälter.

Erst nach dem Schockerlebnis des Mauerbaus 1961 entschloss sich der Westen zu einer neuen, offensiven Politik, die das NATO-Bündnis unter anderem im Harmel-Bericht von 1967 formulierte. Es gab weitere Initiativen westlicher Staaten, wobei Deutschland eine aktive Rolle übernahm. Der dann in den siebziger Jahren folgende KSZE-Prozess führte zu einer Europäisierung der Frage der deutschen Teilung. Immerhin bezeichnete der Harmel-Bericht die deutsche Teilung als Hauptursache der Spannungen in Europa. Ohne diese beginnende Entkrampfung des West-Ost-Verhältnisses wäre es wahrscheinlich 1969 nicht zur Wahl Gustav Heinemanns zum Bundespräsidenten und zur Bildung der sozialliberalen Koalition in Bonn gekommen. Das war bereits eine deutliche Ansage, dass in Deutschland eine neue Ostpolitik auf der Tagesordnung stand.

Die einsetzende Entspannungspolitik hatte aber auch Auswirkungen im Osten, insbesondere in Moskau. Generalsekretär Leonid Breschnew war zunehmend nicht mehr in der Lage, das Schicksal seines Landes wirklich zu bestimmen, was zu einer Lähmung der sowjetischen Führung führte. Daraus ergab sich, dass derjenige in Moskau, der am meisten über die innere Lage der Sowjetunion wusste, ihre Stärken und Schwächen, aber auch über die innere Lage des Westens, über dessen Stärken und Schwächen, nämlich KGB-Chef Juri Andropow, schließlich 1982 neuer KPdSU-Generalsekretär wurde. Er versuchte nicht, wie man hätte vermuten können, mit brutalem Durchgreifen die Mängel des Systems zu überdecken, sondern er dachte im Gegenteil darüber nach, wie man die Sowjetunion auf die Höhe der Zeit bringen konnte.

Wenn ich also frage, welche Voraussetzungen, welche unentbehrlichen Schritte notwendig waren auf dem Weg zur deutschen Einheit, so waren es die Ostverträge der Regierung Brandt/Scheel, die KSZE, aber eben auch die innere Veränderung des kommunistischen Systems in der

Sowjetunion. Das historische Verdienst von Gorbatschow ist es, dass er die innere Kraft gefunden hat, das sowjetische System, in dem er aufwuchs, in Frage zu stellen. Denn natürlich bedeuteten Perestroika und Glasnost die Infragestellung eines orthodoxen, dogmatischen politischen Systems. Sie bedeuteten Offenheit und Transparenz und forderten damit alles das heraus, was in der Vergangenheit als unverzichtbar für die Stabilität des Sowjetstaates betrachtet wurde.

Dieses historische Verdienst von Gorbatschow führte am Ende auch zu der Einsicht, dass die Einheit Deutschlands unumgänglich sei, wenn das »gemeinsame Haus Europa«, wie er es nannte, wirklich ein gemeinsames Haus sein sollte. Das heißt, im Grunde übernahm er die Erkenntnis aus dem Harmel-Bericht, dass die Hauptspannungsursache in Europa die deutsche Teilung sei, in die eigene Politik. Mehr noch: Er ließ erkennen, dass er das Recht, das Land zu verändern, nicht als Monopol einer Partei oder einer Person betrachtete, sondern als einen Vorgang, den Mao Tse-tung einmal mit den Worten »Lasst hundert Blumen blühen« beschrieben hat.

Die Entspannungspolitik der Sozialdemokraten hat auf Stabilität gesetzt, auf einen Dialog eher mit den Regimen als mit den Dissidenten. Willy Brandt hat bei seinem Besuch in Warschau Lech Wałęsa nicht getroffen, Sie haben ihn getroffen. Das waren doch deutliche Unterschiede.

Für mich war das Verhältnis zu Oppositionellen in den Staaten des Warschauer Paktes von großer Bedeutung.

Das beginnt im Grunde mit einer schwierigen Entscheidung, die Walter Scheel und ich 1968 zu treffen hatten, als der Prager Frühling die Welt bewegte. Uns fiel damals auf, dass der Westen das Geschehen in der Tschechoslowakei zwar mit Aufmerksamkeit und Interesse beobachtete, dass aber im Grunde eine große Zurückhaltung stattfand. Wir waren damals in der Opposition gegen die erste große Koalition. Walter Scheel war Vizepräsident des Deutschen Bundestages und FDP-Parteivorsitzender, ich war sein Stellvertreter und Parlamentarischer Geschäftsführer. Wir haben uns dann im Sommer 1968 entschlossen, nach Prag zu reisen, und sind dort mit einigen Akteuren des Prager Frühlings – mit Ausnahme von Parteichef Alexander Dubček – zusammengetroffen. Dass wir uns nicht mit Dubček treffen würden, war von ihm ausgegangen, weil er die Sowjets nicht zu stark provozieren wollte. Als unser Gastgeber fungierte der Außenminister der Dubček-Regierung, Jiři Hájek, der später zu den Unterzeichnern der Charta 77 gehörte.

Wir trafen eine ganze Reihe von Akteuren, einmal auch eine Gruppe junger Journalisten, darunter, wie sich später herausstellte, der spätere Außenminister Václav Havels, Jiří Dienstbier. Nach meiner Ernennung zum Außenminister erhielt ich eine Einladung nach Prag. Für die Annahme der Einladung habe ich als Bedingung genannt, einen Vertreter des Aufstands von 1968 treffen und dem Oberhaupt der katholischen Kirche, Kardinal František Tomášek, einen offiziellen Besuch abstatten zu können. Beides wurde über Monate hin verweigert. Dadurch verzögerte sich auch mein Besuch. Immer wieder ließ ich bei den Dissidenten anfragen, ob sie in meinem Besuch für sich einen Vorteil oder einen Nachteil sehen. Es wurde von deren Seite sehr begrüßt, dass ich diese Bedingungen stellte. Für uns ging es darum klarzumachen, dass wir die Dissidenten als politische Akteure ernst nehmen. Am Ende stimmte die Führung in Prag einer Einladung von Herrn Hájek zum Frühstück in die deutsche Botschaft zu, ebenso einem offiziellen Besuch von mir bei Kardinal Tomášek – mit internationalen TV-Vertretern. Das bedeutete, dass die Fernsehanstalten aus Deutschland und Österreich die Botschaft in die Tschechoslowakei hinein sendeten, dass der deutsche Außenminister sich mit Kardinal Tomášek trifft. Meine Reise fand im März 1975 statt.

Im Januar 1988 gab es dann ein Treffen mit Lech Wałęsa bei meinem Besuch in Warschau. Ich habe ihn auch noch bei zwei anderen Gelegenheiten getroffen. Eine der wichtigsten Auszeichnungen war für mich diejenige, die ich in Brüssel überreicht bekam, als die polnische Gewerkschaftsbewegung Solidarność nach dem Mauerfall jene westlichen Politiker ehrte, die in der Zeit der Verfolgung Kontakt zu ihr hatten. Ich möchte in diesem Zusammenhang auch meine ungewöhnlich häufigen Gespräche mit dem polnischen Papst über die Lage in Polen erwähnen. Das heißt, es war wichtig sicherzustellen, dass die Gesellschaften jenseits des Eisernen Vorhangs in all ihren Aspekten wahrgenommen wurden und nicht nur über die offiziellen Kanäle, was für den Außenminister gelegentlich schwierig war. Aber es ging. Für mich bedeuteten diese Kontakte die praktische Ausnutzung der Möglichkeiten der Schlussakte von Helsinki. Dass die

Parteiführungen im sowjetischen Lager versuchten, solche Kontakte zu vermeiden, konnte man aus ihrer Interessenlage heraus gut verstehen. Am Ende haben sie sich nicht nachteilig auf unsere Beziehungen ausgewirkt, ganz im Gegenteil. Das war also eine andere Sicht, als es zum Beispiel bei den Sozialdemokraten der Fall war.

Wie war es mit den Dissidenten in der DDR? Wie haben Sie damals die direkten Gespräche von SPD und SED, das 1987 veröffentlichte Grundsatzpapier der beiden Parteikommissionen, beurteilt?

Was das Verhältnis zur DDR angeht, so war ich als Außenminister nicht zuständig. Sie war nicht Ausland für uns. Wir hatten auch keinen Botschafter dort, sondern einen Ständigen Vertreter, der nicht mir unterstand, sondern dem Kanzleramt. Das war auch der Grund, warum ich bei meinen privaten Besuchen bei meinem Vetter in der Nähe von Halle keine offiziellen politischen Gespräche führte, um den privaten Charakter voll zu wahren. Ich bin jedes Jahr einmal in der DDR gewesen und habe meinen Vetter besucht. Dort wurde ich regelmäßig eingeladen zu einem Empfang beim Rat der Stadt oder beim Rat des Bezirkes, die mir auch jedes Mal anboten, dass ich im Gästehaus untergebracht werden könne. Ich habe dann immer sagen lassen, dass ich keine offizielle Wahrnehmung möchte und auch keine Unterbringung in Gästehäusern, da ich als Privatmann käme. Später habe ich dann nicht mehr in der DDR übernachtet, sondern wir sind morgens über die Grenze gefahren und abends wieder zurück. Über die Lage dort war ich also gut informiert durch zahlreiche Gesprächskontakte auch mit Besuchern aus der DDR.

Die Kontakte der Sozialdemokraten zur SED habe ich differenzierter gesehen als die Gegner dieser Gespräche. Ich war der Meinung, dass solche Gespräche, wenn sie die Themen Freiheit, Menschenrechte, Demokratie zum Inhalt haben, nützlich sein könnten. Weil ja solche Diskussionen nicht ohne Auswirkungen bleiben. Die FDP hatte sehr frühzeitig, nämlich in den fünfziger und sechziger Jahren, Kontakte mit der Liberaldemokratischen Partei der DDR. Die sogenannten Jungtürken aus Düsseldorf, Wolfgang Döring, Willy Weyer und Walter Scheel, führten damals Gespräche mit der LDP. Und Mitte der achtziger Jahre wurde eine FDP-Delegation zum Parteitag der LDP in Eisenach eingeladen. Diese Einladung wurde bald darauf zurückgezogen. Ich hatte mich in einem Brief für die Einladung bedankt und mitgeteilt, ich würde selbst die Delegation anführen und gern eine Rede zur Begrüßung an die Delegierten halten. Darauf zunächst Schweigen, dann die Mitteilung: so weit sei die Entwicklung noch nicht. Das war die Absage. Bei solchen Gesprächen mit DDR-Parteien kam es auf den Inhalt an: Sucht man künstlich Gemeinsamkeiten, indem man ausklammert, was trennt, oder versucht man offenzulegen, was trennt, um es zu überwinden.

Sie haben früh erkannt, dass für die Sowjetunion die Frage einer möglichen NATO-Erweiterung eine ganz vitale Rolle spielte. Gorbatschow wie auch Putin behaupten heute, dass es

damals Versprechungen gegeben hätte, die NATO nicht nach
Mittel- und Osteuropa auszudehnen. Die Erweiterung der
NATO ist aus russischer Sicht eine der Hauptgründe für die
heutige Entfremdung. Wie sehen Sie diese Frage?

Es ist so, dass man gegenseitig abgetastet hat, wo die Grenzen der Bereitschaft waren. Man musste herausfinden, was für den anderen wichtig war. In diesem Zusammenhang ist über die Frage der NATO-Mitgliedschaft eines vereinigten Deutschlands gesprochen worden, nicht über die anderer Länder. Man bedenke: Der Warschauer Pakt bestand noch. Der Kreis der Verhandler war erkennbar, die Vier Mächte und die beiden deutschen Staaten. Die Deutschen konnten nur für ihre beiden Staaten sprechen. Deshalb hat es auch nie eine mündliche oder schriftliche Vereinbarung darüber gegeben, wer Mitglied der NATO werden sollte und wer nicht, sondern alle Vereinbarungen beziehen sich nur auf das vereinte Deutschland. Es wird auch kein anderes Land erwähnt, weder direkt noch indirekt. Es gibt neben dem Zwei-plus-Vier-Vertrag keinen Zusatzvertrag, kein geheimes Zusatzabkommen, keine mündliche Begleitmusik. Es gibt nur den Zwei-plus-Vier-Vertrag, wie er ist. Wäre dort die Rede von irgendeinem anderen Land gewesen, hätte das ja impliziert, dass die Sowjetunion bereits im Jahre 1990 die Auflösung des Warschauer Paktes vor Augen hatte. Davon konnte überhaupt nicht die Rede sein. Der Warschauer Pakt ist erst im Sommer 1991 aufgelöst worden. Wenn es noch einer Klarstellung bedurft hätte, dann wurde sie von Gorbatschow vor einem Jahr in Berlin im Fernsehen für jedermann hörbar gegeben, als er die Behauptungen über eine angebliche Vereinbarung über die Nichtausdehnung der NATO zurückwies.

Ich kann mich noch erinnern, wie ich zu Eduard Schewardnadse gesagt habe: »Ich verstehe überhaupt nicht, warum Sie uns nicht ganz in der NATO haben wollen. Ihre Warschauer-Pakt-Partner wollen uns in der NATO sehen, weil ihnen das lieber ist, als wenn wir frei agieren könnten.« Darauf sagte er, er habe von denen noch nichts gehört, worauf ich erwiderte: »Dann fragen Sie sie doch, wenn Sie demnächst in Prag tagen.« Anschließend habe ich in Prag angerufen und in Budapest und in Warschau und habe denen gesagt, wenn ihr euch jetzt trefft, bringt das Thema der NATO-Mitgliedschaft Deutschlands auf die Tagesordnung und sagt, dass ihr Deutschland lieber in der NATO seht als ungebunden. Das ist dann auch geschehen.

In diesem Jahr feiern wir den 25. Jahrestag des Zwei-plus-Vier-Vertrages. Wie kam es eigentlich zur Formel Zwei-plus-Vier? Es hat ja durchaus andere Vorstellungen gegeben, von dem Vorschlag, dass nur die beiden deutschen Staaten verhandeln, bis hin zum Vorschlag von Friedensverhandlungen mit allen einstigen Kriegsparteien. Und der französische Außenminister Dumas sprach immer von Vier-plus-Zwei anstatt von Zwei-plus-Vier.

In Deutschland, vor allem in der älteren Generation, gab es viele, die von dem Begriff eines Friedensvertrages fasziniert waren. Ich hingegen war der Meinung, ein Friedensvertrag würde eine Weltkonferenz verlangen. Denn bei der Gründung der UNO konnten ja nur Länder teilnehmen, die sich im Krieg mit Deutschland befunden hatten. Das erklärt, warum wir noch im März 1945 jede Menge Kriegserklärungen erhalten haben, weil die Vereinten Nationen, auch durch die Aufnahme der sogenannten Feindstaatenklausel, als eine gegen die Kriegsgegner der Alliierten im Zweiten Weltkrieg gerichtete Institution gesehen wurden. Da die inzwischen selbständig gewordenen früheren Kolonien Rechtsnachfolger waren, hätten sie auch noch mit teilnehmen müssen. Es wäre also eine gigantische Veranstaltung gewesen. Wahrscheinlich würden wir heute noch am Verhandlungstisch sitzen und beraten.

Auf der anderen Seite war ich geprägt von Denkmustern, die in meiner Partei, der FDP, schon in den fünfziger Jahren entwickelt worden waren. Man war damals der Meinung, dass Verhandlungen zwischen der Bundesrepublik und der DDR nicht ohne die Zustimmung der Vier Mächte stattfinden könnten. Die FDP entwickelte damals ein Modell, wonach die beiden deutschen Staaten unter dem Dach der Vier Mächte über die Einheit verhandeln sollten. Das Bild von den Vier Mächten, die die Verantwortung für Deutschland als Ganzes tragen, auf der einen Seite und von den Deutschen, die sich vereinigen wollen, auf der anderen Seite stand also immer vor meinen Augen. Deshalb war für mich der Weg zur Beantwortung der Frage, wer verhandelt, ziemlich kurz.

Ich erinnerte mich an Außenministerkonferenzen der Alliierten in Genf in den sechziger Jahren, wo über Deutschland gesprochen wurde und wo es zwei deutsche Delegationen gab, die nicht am Verhandlungstisch saßen, sondern an sogenannten Katzentischen. Die Westdeutschen saßen hinter den Amerikanern und die Ostdeutschen hinter den Russen. Da habe ich gesagt, das könne ja wohl nicht sein; in der Situation von heute sei es so, dass wir Deutschen uns vereinigen wollen und dazu der Zustimmung der Vier bedürfen, das heißt, wir verhandeln mit den Vier über ihre Zustimmung. So entstand der Begriff Zwei-plus-Vier. Ich hielt das für wichtig, damit nicht bei irgendeiner der Vier Mächte die Vorstellung entstehen konnte, dass sich zwei Verhandlungstische gegenüberstehen, von denen der eine zehn Zentimeter niedriger ist als der andere. Deshalb Zwei-plus-Vier.

Und in der Tat, meinem Freund Roland Dumas fiel es schwer, sich damit vertraut zu machen. Aber er hat es geschafft. Schewardnadse hat scharfe Kritik bekommen für seine Zustimmung, es gab eine heftige Diskussion im Politbüro. Wie naiv er gewesen sei, könne man daraus ersehen, so Valentin Falin, dass er zu seiner Verteidigung gesagt habe: »Aber Genscher wollte es doch so, und er ist ein so netter Mensch.«

Die Amerikaner hatten kein Problem damit?

Überhaupt nicht.

Die Engländer auch nicht?

Doch. Aber Außenminister Douglas Hurd marschierte vollkommen an der Seite der Amerikaner, weil er innerlich für die Vereinigung war. Im Gegensatz zu Margaret

Thatcher machte er sich das Leben etwas leichter, indem er den Amerikanern in allen Fragen zustimmte. Thatcher wagte zwar, in den Verhandlungen gegen Hurd zu stänkern, aber sie wagte nicht, gegenüber den Amerikanern nein zu sagen. Insofern war für mich auf meiner Rundreise die Station London eigentlich eher ein Akt der Höflichkeit. Unsere Leute sagten, die Thatcher werde schwer dagegen sein. Für mich war klar, dass ihre Haltung im Grunde nicht entscheidend war, weil ich wusste, dass sie in einer so zentralen Frage nie einen Konflikt mit den Vereinigten Staaten von Amerika heraufbeschwören würde. Exakt das war der Fall.

Es gab ja auch Differenzen mit Frankreich. Welche Rolle hat das Verhältnis zwischen Kohl und Mitterrand gespielt? Und welche Rolle hat Ihre Freundschaft zu Dumas in dieser Viererkonstellation gespielt?

Für Mitterrand war das Verhältnis Dumas–Genscher von außerordentlicher Bedeutung. So kam es auch, dass in der Zeit, als es unter dem sozialistischen Präsidenten Mitterrand eine konservative Regierung gab, Dumas also nicht Außenminister war, er in der Präsidentenmaschine immer wieder nach Bonn kam und mich zu Hause besuchte, um mit mir alle anliegenden Fragen zu besprechen. Er machte das im Auftrag des Präsidenten. Das heißt, Mitterrand nutzte den Strang Dumas–Genscher, um mit der deutschen Regierung zu reden, ohne das über den Ministerpräsidenten oder Außenminister der Kohabitation machen zu müssen. Er hat mir in den deutsch-französischen

Beziehungen eine besondere Stellung zugewiesen, was auch darin zum Ausdruck kam, dass er mir das Großkreuz der Ehrenlegion verlieh, was normalerweise Außenminister nicht bekommen.

TEIL III –
VERMÄCHTNISSE

Kleine Partei, große Wirkung

*Schmerzt es Sie, dass Ihre Partei, die über dreißig Jahre die
deutschen Außenminister stellte und fast fünfzig Jahre lang an
Bundesregierungen beteiligt war, auf die Rolle einer Regional-
partei zurückgeworfen ist?*

Es schmerzt sogar sehr. Meine Partei befindet sich in einem inneren Läuterungsprozess. Ich bringe dem Vorsitzenden Christian Lindner großes Vertrauen entgegen. Er
hat meiner Überzeugung nach die Fähigkeiten und die
Glaubwürdigkeit, die Partei aus der tiefsten und schwers-
ten Krise ihrer Geschichte herauszuführen. Das ist aber
eine harte, kleinteilige Arbeit. Wenn dieser Prozess abgeschlossen ist, wird sich ein Weg auftun. Spätestens 2017
wird es so weit sein. Das Bedürfnis nach einer wahrhaft
liberalen Partei ist nach wie vor vorhanden. Heute nennt
sich ja jede Partei liberal, aber ein bisschen liberal hier
und da reicht eben nicht. Hamburg und Bremen haben
gezeigt, dass immer mehr Menschen das erkennen.

Vielleicht haben wir zu lange regiert. Regierungsjahre
machen bequem. 1969 haben wir mit einem Wahlergeb-
nis von nur 5,8 Prozent dafür gesorgt, dass Willy Brandt

Kanzler wurde. Dreizehn Jahre später dann die Wende zur Union. In der Zwischenzeit hat sich die Welt verändert. Da hat mancher wohl gedacht, wir sind auf den Bundestag abonniert und auf das Regieren auch. Regierungsjahre können auch auszehren. Das Schlimmste aber ist, Wahlversprechen nicht einzuhalten. Dass ich unter der Entwicklung meiner Partei leide, wird jeder verstehen.

Braucht die FDP einen neuen Begriff von Liberalität und Freiheit?

Für mich steht im Mittelpunkt das Gebot des Grundgesetzes: Die Würde des Menschen ist unantastbar. Es geht um die Würde jedes Menschen, nicht nur der Deutschen. Da haben wir die Abgrenzung zur Ausländerfeindlichkeit. Dann geht es um Meinungsfreiheit, Rechtsstaat, Chancengleichheit und soziale Gerechtigkeit. Es gibt keine Menschenwürde ohne soziale Gerechtigkeit. Das ist ein umfassender Freiheitsbegriff, der keine Einschränkung duldet.

Heute kann man sich gar nicht mehr vorstellen, dass eine kleine Partei wie die FDP zweimal in der Geschichte der Bundesrepublik Machtwechsel herbeiführte und dadurch außenpolitische Richtungsentscheidungen ermöglichte. 1969 betraf es die Ost- und Entspannungspolitik, 1982 den NATO-Doppelbeschluss, der maßgeblichen Einfluss auf das Ende des Kalten Krieges hatte.

Wenn man die Nachkriegszeit betrachtet, kommt man zu dem Ergebnis, dass die Außenpolitik in Deutschland eine wesentlich größere Rolle gespielt hat als in vielen anderen Staaten. Das ist verständlich, weil das besiegte, besetzte und geteilte Land die zentrale Frage der Wiederherstellung der staatlichen Einheit zu beantworten hatte. Damit einher ging die Frage, ob dieses Ziel erreicht werden sollte über die Neutralisierung Deutschlands oder über die Westintegration. So war schon die Bildung der ersten Bundesregierung 1949 eine Entscheidung, die klar hinwirkte auf die Westintegration Deutschlands, hauptsächlich getragen von Adenauer, der bei der FDP durchaus Bedenken erregte, weil man bei ihm nicht sicher sein konnte, ob die Herstellung der staatlichen Einheit wirklich sein Hauptanliegen war.

1969 stand die Frage einer erneuten Regierungsbildung mit der CDU/CSU oder einer Koalition mit der SPD im Vordergrund. Aus heutiger Sicht ist es kaum noch verständlich, dass dies als eine fundamentale politische Weichenstellung erschien. Aber für die Kernwählerschaft der FDP kam damals nur die Koalition mit einer bürgerlichen Partei wie der CDU/CSU in Frage. Wenn es dennoch anders kam, dann auch als späte Konsequenz der Hilflosigkeit der Regierung Adenauer 1961 beim Bau der Mauer.

Die CDU/CSU stand 1961, als im Herbst eine Bundestagswahl anstand, vor einer noch größeren absoluten Mehrheit, als sie schon 1957 erreicht hatte. Diese Perspektive eines überragenden Wahlsiegs wurde mit dem Bau der Mauer und der hilflosen Reaktion des Bundeskanzlers beendet. Dabei spielte die Tatsache eine wesentliche Rolle, dass in dem Augenblick, als alle erschüttert auf die Mauer in Berlin blickten, dort der Spitzenkandidat der Sozialdemokraten Willy Brandt stand und zu den Berlinern und den Deutschen sprach, während Adenauer ungerührt seinen Wahlkampf fortsetzte, ja mehr noch, Brandt wegen seiner unehelichen Geburt angriff. Das führte zu einem großen Ansehensverlust Adenauers, die CDU verlor die absolute Mehrheit, und in der FDP, die den Wahlkampf aus der Opposition heraus geführt hatte, gab es zum ersten Mal starke Kräfte, die eine Koalition mit den Sozialdemokraten anstrebten. Wenn ich »starke« sage, dann war es eine starke Minderheit, keine Mehrheit. Doch schließlich kam eine Koalition mit der CDU/CSU zustande mit der Absprache, dass Adenauer in der Mitte der Legislaturperiode zurücktreten würde, um einem Nachfolger Platz zu machen.

In einem an sich für eine Demokratie unmöglichen Verfahren hatte Adenauer sich eine Verlängerung erkauft. In einem Brief an den Vorsitzenden der FDP, Erich Mende, hatte er seine Absicht mitgeteilt, in zwei Jahren zurückzutreten. Doch die Grundlage der Zusammenarbeit war brüchig geworden. Zwar konnte die durch die *Spiegel*-Affäre ausgelöste Staatskrise noch überwunden werden durch den Rücktritt von Verteidigungsminister Franz-Josef Strauß, auch wurde mit Kanzler Ludwig Erhard noch eine weitere Wahl gewonnen, aber 1966 ging dann die bürgerliche Koalition für lange Zeit zu Ende. Sie ging auch deshalb zu Ende, weil die Unzufriedenheit mit Erhard, der als Wirtschaftsminister hochpopulär war, aber als Bundeskanzler diese breite Zustimmung nicht mehr erreichen konnte, auch in der Union zunahm und schließlich dazu führte, dass sich diejenigen Kräfte durchsetzten, die für eine große Koalition waren. Gleiches gilt für die Sozialdemokraten, wo insbesondere Herbert Wehner und Helmut Schmidt Befürworter einer großen Koalition waren, während Willy Brandt für eine Koalition mit der FDP offen war.

Ich selbst habe damals mehrere Gespräche mit Egon Bahr geführt, wobei es vor allem auch um außenpolitische Fragen ging. In der großen Koalition zeigte sich bald, dass die Sozialdemokraten eine wirklich neue Außenpolitik nicht durchsetzen konnten. Die Meinungsverschiedenheiten mit der CDU/CSU waren erheblich. Da ging es unter anderem um die Frage des Festhaltens an der Hallstein-Doktrin, die für die restriktive Politik gegenüber der DDR eine zentrale Rolle spielte. Willy Brandt und andere Kräfte in der SPD zeigten sich zunehmend geneigt, mit der FDP zu koalieren. Befürworter einer solchen »kleinen« Koalition waren auch Karl Schiller und Alex Möller, die sich von der Kooperation mit der FDP eine Stärkung der marktwirtschaftlichen Kräfte in der SPD erhofften.

In der FDP wiederum hatte man die Sorge, sich in einer Neuauflage der Koalition mit der CDU/CSU mit einer außen-, vor allem ostpolitischen Kursänderung erst recht nicht durchsetzen zu können, wenn das schon der SPD in der großen Koalition nicht gelang. Das und der Wunsch nach mehr innerer Liberalität im Land stärkten die Stimmung insgesamt für einen Regierungswechsel.

Die klar erkennbare Tendenz der FDP-Führung unmittelbar vor dem Wahltag 1969, mit der SPD zu gehen, war sehr gefährlich, was unsere Wählerschaft betraf. Am

Wahlabend zeigte sich dann, dass die FDP auf 5,8 Prozent herabsank und wir gerade noch so in den Bundestag hineinkamen. Noch in der Wahlnacht kam es zu einer Koalitionsvereinbarung zwischen Brandt und Scheel. Das war eine mutige Entscheidung beider Seiten. Sie war neben den erwähnten außenpolitischen Aspekten auch ein Angebot an eine sehr stark aufbegehrende junge Generation, durch die Bereitschaft zu inneren Reformen den Weg in die Zukunft zu öffnen. Es war eine Entscheidung, die auch in der SPD nicht unumstritten war. Obwohl wir schon im Frühjahr 1969 zur Überraschung aller den Sozialdemokraten Gustav Heinemann als Bundespräsident durchgesetzt hatten, waren Zweifel vorhanden, ob die FDP-Führung in der Lage sein würde, die Handlungsfähigkeit der Fraktion zu garantieren. Auch Brandt traf also eine mutige Entscheidung, als er auf die FDP setzte, obwohl Herbert Wehner und Helmut Schmidt gegen diese Koalition waren. Sie haben sie dann beide mit großer Fairness mitgetragen.

Warum waren die beiden gegen die Koalition mit der FDP?

Sie glaubten, dass die Gegensätze zwischen den beiden Parteien zu groß seien für eine tragfähige Regierungsarbeit, denn unsere Mehrheit war ja sehr knapp. Die CDU hatte deutlich mehr Mandate als die Sozialdemokraten. Aber es zeigte sich wieder einmal, dass schmale Mehrheiten höchst disziplinierend wirken können, weil jedem Abgeordneten bewusst ist, dass sein persönliches Verhalten über Sein und Nichtsein der Regierung entscheidet. Es zeigte sich, dass wir eine glückliche Regierungsbildung hatten, und das erste Kabinett Brandt genoss in der Öffentlichkeit großes Ansehen.

Diese Koalitionsentscheidung bedeutete nun, dass die Ostverträge vorbereitet und in Gang gesetzt werden konnten, und sie bedeutete dann auch, dass als Folge der Ostverträge der KSZE-Prozess von der Bundesregierung besonders aktiv unterstützt wurde. Probleme in der Zusammenarbeit mit den westlichen Partnern bestanden nicht, denn Willy Brandt war ein überzeugter Anhänger der europäischen Einigung, und die Sozialdemokraten hatten durch eine wegweisende Rede von Herbert Wehner schon 1960 eine Kursänderung in ihrem Verhältnis zur NATO vorgenommen. Seitdem standen sie ohne jede Einschränkung zum westlichen Verteidigungsbündnis.

Das heißt, die FDP hatte bei der ersten Regierungsbildung 1949 die Einleitung einer Politik der Westbindung ermöglicht, und mit dem Regierungswechsel 1969 die Ergänzung der Westbindung durch die Öffnung nach Osten, und zwar nicht als isolierter Kurs der Bundesrepublik, sondern als Teil der westlichen Bündnispolitik in Ausführung des Harmel-Berichts von 1967.

Die nächste Weichenstellung der FDP, die außenpolitisch von tragender Bedeutung war, galt der Frage des NATO-Doppelbeschlusses. Helmut Schmidt hatte 1977 in einer Rede in London auf die sowjetische Aufrüstung mit Mittelstreckenraketen hingewiesen. Diese Raketen hatten die Besonderheit, dass sie in Europa stationiert waren und die USA nicht erreichten. Das heißt, sie enthielten das Angebot an die USA, dass die beiden Großen sich im Ernstfall schonen. Ich erinnere mich, wie Leonid Breschnew mir einmal sagte, er verstehe gar nicht, warum der Westen sich so aufrege über diese Raketen, die erreichten ja gar nicht die USA. Da habe ich geantwortet: »Herr Generalsekretär, ich wohne nicht in Amerika, ich wohne in Bonn. Mich erreichen Ihre Raketen. Und die Amerikaner sind unsere verlässlichen Verbündeten.«

Bundeskanzler Schmidt hat also auf das Problem hingewiesen, und daraus ergab sich eine Diskussion, wie darauf zu reagieren sei. Unter der Federführung von Schmidt bei den Sozialdemokraten und von mir und Jürgen Möllemann bei der FDP wurden dann Vorschläge entwickelt, die Sowjetunion aufzufordern, diese Raketen nicht weiter zu stationieren und die schon stationierten zu beseitigen, und ihr im Gegenzug anzubieten, nicht mit Gegenmaßnahmen zu reagieren. Andernfalls würden auch wir stationieren, seien aber jederzeit bereit, in Verhandlungen über den beiderseitigen Abbau einzutreten. Das war ganz auf der Linie der NATO-Doktrin, dass Rüstungskontrolle und Abrüstung integrale Bestandteile unserer Sicherheit sind.

Gegen diesen sogenannten NATO-Doppelbeschluss gab es zunehmend Widerstände in der deutschen Linken – außerhalb der SPD sowieso, aber auch innerhalb der Sozialdemokratischen Partei, was für Bundeskanzler Schmidt zunehmend zum Problem wurde. Mir fiel auf, dass in der Debatte im Deutschen Bundestag im Anschluss an die entscheidende Sitzung der NATO über die Einführung der Pershings und Cruise Missiles keiner der führenden Sozialdemokraten sprach, sondern lediglich der verteidigungspolitische Experte der SPD, der sich für den Doppelbeschluss aussprach, wie es auch der Haltung der Bundesregierung entsprach. Dieser Beschluss hat nicht nur die strategische Lage zwischen Ost und West verändert, sondern auch einen nachhaltigen Einfluss auf das Denken und Handeln in Moskau ausgeübt.

Dass der Westen überhaupt imstande war, diese Beschlüsse gegen die enorm starke Friedensbewegung durchzusetzen, lag nicht zuletzt daran, dass wir in der Lage waren, uns in der Öffentlichkeit durchzusetzen. Die Situation in der SPD eskalierte, und im Frühjahr 1982 gab es einen SPD-Parteitag in München. Dort wurde eine Reihe von wirtschaftspolitischen Beschlüssen gefasst, die für die FDP völlig inakzeptabel waren. Schmidt empfand das auch so, deshalb schickte er noch während des Parteitags seinen Vertrauten, den Staatsminister im Bundeskanzleramt Hans-Jürgen Wischnewski, zu mir nach Bonn, um mir mitzuteilen, ich solle doch bitte jetzt nicht nervös werden wegen dieser Beschlüsse, die Regierungspolitik werde davon in keiner Weise berührt. Ich habe daraufhin veranlasst, dass es keine wilden Erklärungen seitens der FDP gab. Aber ich sagte zu Wischnewski, mich hätte doch erstaunt, dass der Bundeskanzler in dieser zentralen Debatte nicht das Wort ergriffen habe. Darauf sagte er, Schmidt habe das aus guten Gründen nicht getan. Auf meine Frage, was diese »guten Gründe« denn seien, antwortete Wischnewski, es sei die Sorge eines Prestigeverlustes, falls gegen Schmidt entschieden werde, und zweitens die Sorge, dass dann die Parteilinke auch noch das Thema NATO-Doppelbeschluss auf die Tagesordnung bringt und der Bundeskanzler auch dafür eine Niederlage einstecken muss. Da habe ich gesagt: »Herr Wischnewski, Sie werden verstehen, dass diese Mitteilung mich nicht beruhigt, sondern zutiefst beunruhigen muss.«

Dann fand am 30. Juni 1982 eine dramatische Sitzung der SPD-Fraktion statt, in der Schmidt in den Fragen der Staatsfinanzen und der Wirtschaftspolitik eine Mehrheit erreichte, in der Frage des NATO-Doppelbeschlusses aber klar war, dass es diese Mehrheit nicht gab. Nachdem die Warnung vor den SS-20 aus Deutschland gekommen war, nämlich in der Person des Bundeskanzlers, und nachdem der NATO-Doppelbeschluss, nämlich Nachrüstung *und* Verhandlungen, entscheidend von Deutschland durchgesetzt worden war, wäre die deutsche Position im Bündnis unhaltbar geworden, wenn wir nicht in der Lage gewesen wären, die getroffenen Entscheidungen bei uns durchzusetzen. Und es hätte nach meiner Überzeugung auch in Moskau nachhaltige Wirkungen gehabt, wenn man dort festgestellt hätte, dass man durch Einflussnahme in der Lage war, die Durchführung gefasster Beschlüsse zu verhindern.

Deshalb habe ich vor der entscheidenden Sitzung des Deutschen Bundestages am 22. November 1983, als die Frage der Stationierung auf der Tagesordnung stand, beschlossen, Kontakt zum sowjetischen Außenminister Andrej Gromyko zu suchen, weil ich die Sowjetunion vor unüberlegten Reaktionen bewahren wollte, auch im Interesse des deutsch-sowjetischen Verhältnisses. Ich schlug ihm vor, dass wir uns an einem neutralen Ort treffen. Das wurde akzeptiert. Gromyko schlug Sofia vor. Ich stellte fest, dass dort eine Sitzung des Warschauer Paktes stattfinden sollte. Das heißt, ich wäre in die Lage geraten, einen Beschluss des Warschauer Pakts vor die Nase gesetzt zu bekommen. Ich sagte deshalb ab und schlug meinerseits einen Ort vor, der für die Russen inakzeptabel war, nämlich Belgrad, die Hauptstadt des nicht zum Warschauer Pakt gehörenden Jugoslawien. Das wurde prompt abgelehnt, und nun blieben nur noch zwei Orte übrig, der eine war Wien, der andere Genf.

Die Russen schlugen Wien vor, wir akzeptierten. Ich habe dann dort zwei halbe Tage, von einem Mittag bis zum nächsten, mit Gromyko getagt und ihm gesagt, ich hätte um dieses Treffen gebeten, weil auf internationaler Bühne oft Fehleinschätzungen stattfinden würden, die dann zu irreversiblen Entwicklungen führen. Es ginge mir darum, dass wir uns auch nach einer deutschen Entscheidung für die Raketen-Stationierung in die Augen sehen könnten. Ich sei gekommen, um ihm zu sagen, dass er sich nicht täuschen dürfe; die Bundesregierung sei stark genug, um diesen Beschluss durchzusetzen. Er möge bitte beachten, dass im Frühjahr 1983 eine Bundestagswahl stattgefunden habe, in deren Vorfeld ich klar gesagt hätte, wer die FDP wählt, stimmt für den NATO-Doppelbeschluss. Insofern müsse ihm klar sein, dass die Parteien, die den NATO-Doppelbeschluss wollten, im Bundestag die Mehrheit hätten.

Die FDP hat damals ihre Existenz aufs Spiel gesetzt für eine fundamentale Weichenstellung. Man kann also heute sagen, dass die Freie Demokratische Partei die einzige Partei ist, die alle grundlegenden außenpolitischen Entscheidungen Deutschlands möglich gemacht hat.

Helmut Schmidt hat Ihnen die Art und Weise, wie Sie die Wende 1982 herbeigeführt haben, übelgenommen. So jedenfalls spätere Äußerungen von ihm. Was sagen Sie dazu?

Ich kann verstehen, dass die Konsequenzen der Entscheidung schmerzlich waren. Ich will auch offen sagen, dass für mich das Ende der Koalition nicht gewünscht war. Ich hatte mit Schmidt eine ausgezeichnete Zusammenarbeit. Wir haben immer eine Verständigung erzielen können. Es war also keine Trennung von Helmut Schmidt. Es war eine Trennung der SPD von Helmut Schmidt und als Konsequenz daraus eine Trennung der FDP von der SPD. So war die Reihenfolge. Und wenn es eines Beweises bedürfte, dann kann ich gleich zwei liefern. Der eine ist, dass Schmidt das Angebot der SPD-Führung, bei den Neuwahlen im Frühjahr 1983 Spitzenkandidat zu sein, mit der Begründung ablehnte, kurz danach werde die innerparteiliche Opposition erneut gegen ihn votieren, wie er es erlebt hatte. Der zweite Beweis ist der Ausgang des Kölner SPD-Parteitages vom November 1983, auf dem Helmut Schmidt erleben musste, dass sich in der Frage des NATO-Doppelbeschlusses nur noch eine Handvoll Delegierter auf seine Seite stellte.

Das alles zeigt, dass die FDP damals aus staatspolitischer Verantwortung heraus gehandelt und nicht mal eben so die Regierung gewechselt hat. Mir war völlig klar, dass diese Operation Regierungswechsel für mich sehr schwierig werden würde. Das war in der Tat meine schwerste Zeit als Parteivorsitzender und Mitglied der Bundesregierung.

Ende einer langen Dienstzeit

Sie sind als Außenminister 1992 für viele überraschend zurückgetreten, mitten in der Legislaturperiode. Sie waren allerdings achtzehn Jahre Außenminister, länger als jeder Ihrer Vorgänger. Dennoch wird über die Umstände und Motive Ihres Rücktritts bis heute gerätselt. Können Sie hier Klarheit schaffen?

Da muss ich weit ausholen. Es ist so, dass der Rücktritt in eine Zeit bedeutsamer Entscheidungen fiel, die eine lange Vorgeschichte hatten. Ich hatte 1981 mit dem italienischen Außenminister Emilio Colombo eine Initiative ergriffen, um eine Zeit der Stagnation in der europäischen Integration zu überwinden. Normalerweise wäre das Gegenstand einer deutsch-französischen Initiative gewesen. Das war aber wegen der Zusammensetzung der damaligen französischen Regierung nicht möglich. Ich hatte Anfang 1981 eine Rede gehalten, in der ich nach einem neuen Anfang in Europa, einem neuen Impuls verlangte und eine politische Union forderte. Sehr schnell kam aus Rom eine Mitteilung von Colombo, dass Italien bereit sei, meinen Vorstoß zu unterstützen.

Wir trafen uns und verabredeten eine gemeinsame Initiative – sie wurde dann Genscher-Colombo-Plan genannt. Ein Problem ergab sich für mich innerhalb der damaligen SPD/FDP-Koalition. Wegen meines Alleingangs war ich angreifbar, andererseits entsprach eine Stärkung des europäischen Prozesses durchaus den Vorstellungen des damaligen Bundeskanzlers Schmidt. Für seine Partei und Fraktion konnte man das so nicht sagen. Es gab Bedenken, die ihren Ursprung in der Besorgnis hatten, die Entspannungspolitik könne durch eine solche Initiative gefährdet werden. Es gab auch Ressorteifersüchteleien – kurzum, keine sachliche Diskussion, wie wir das Projekt einer politischen Union, nachdem es mit dem Genscher-Colombo-Plan einmal auf dem Tisch lag, weiter verfolgen sollten.

Zu Hilfe kam mir der Vorsitzende der SPD-Bundestagsfraktion, Herbert Wehner, der die politische Bedeutung einer solchen Initiative vor allem unter außenpolitischen Gesichtspunkten betrachtete. Für ihn war eine aktive deutsche Rolle in der Europapolitik wichtig, weil er darin eine Stärkung unserer Handlungsfähigkeit in der Ostpolitik sah. Im Übrigen sah er die europäische Einigung als ein wichtiges Element des Friedens und der Stabilität in Europa. Hinzu kam ein koalitionspolitisches Kalkül, denn ihm war klar, dass die europäische Einigungspolitik für mich ein wesentliches Element deutscher Außenpolitik war und dass der Partei- und Fraktionsvorsitzende der CDU/CSU, Helmut Kohl, in Fortsetzung des europafreundlichen Kurses Adenauers die Europafrage durchaus als Hebel gegen die SPD/FDP-Regierung hätte nutzen können. Die geschichtliche Wahrheit verlangt festzuhalten, dass es für Wehner in erster Linie um eine europapolitische Kernfrage ging.

Die Genscher-Colombo-Initiative führte schließlich nach jahrelangen Debatten und zähem Ringen zu den Verträgen von Maastricht. Auf dem Stuttgarter Gipfel der europäischen Staats- und Regierungschefs 1983 wurden erste Entscheidungen in Richtung Integration getroffen, 1986 folgten mit der Einheitlichen Europäischen Akte wichtige Voraussetzungen für die Vollendung des gemeinsamen Binnenmarktes, eine sehr weittragende und für Deutschland als Exportland besonders bedeutsame Entwicklung. Sie barg jedoch Gefahren, denn es wäre der einzige Binnenmarkt gewesen, in dem es verschiedene Währungen gibt. Ich war der Meinung, dass ein Binnenmarkt eine gemeinsame Währung braucht, nicht zuletzt aufgrund der Erfahrung, dass unsere Partner innerhalb der Europäischen Union ihre Wettbewerbsnachteile immer wieder dadurch auszugleichen suchten, dass sie ihre Währungen abwerteten.

Ich war überzeugt, dass man einen Schritt in Richtung Europäische Währungsunion tun müsse. Solche Stimmen gab es auch in anderen Ländern Europas. Schließlich entschloss ich mich Anfang 1988, eine entsprechende Initiative zu ergreifen. Das war ein schwieriges Unterfangen, weil der damalige deutsche Finanzminister Gerhard Stoltenberg ein Gegner der Währungsunion war und auch das Bundeskanzleramt und Bundeskanzler Kohl selbst zögerten. Wobei für Kohl weniger währungs- oder finanzpolitische Erwägungen eine Rolle spielten als die Sorge, dass in der deutschen Wählerschaft die Aufgabe der D-Mark zu einem Vertrauensverlust für die Regierungsparteien führen könnte.

Das war die eine Sache. Die andere war, dass ich nach meinem ersten Gespräch mit Gorbatschow im Sommer 1986 zu dem Ergebnis kam, dass die Welt sich verändert. Ich sah voraus, dass es zu einer immer stärkeren Annäherung zwischen Deutschland und der Europäischen Union einerseits und der Sowjetunion andererseits kommt. Eine Entwicklung, die natürlich in unserem Interesse lag und die ich begrüßte. Aber ich wollte nicht, dass sie zu einer Abschwächung des Integrationselans der Europäischen Union führt, und war der Meinung, dass wir auch aus diesem Grund einen neuen Integrationsschritt brauchten, und zwar, was auch aus ökonomischen Gründen geboten schien, einen einheitlichen Markt und eine einheitliche Währung.

Das veranlasste mich dazu, mit den alten, für mich besonders wichtigen Leuten im Auswärtigen Amt darüber zu reden, nämlich mit Staatssekretär Hans Werner Lautenschlager und dem damaligen Referatsleiter Wilhelm Schönfelder. Die arbeiteten ein Memorandum aus, das eine Begründung für die Wirtschafts- und Währungsunion enthielt. Dieses Memorandum brachte die Pressestelle des Auswärtigen Amtes unter die Leute. Es war nicht mit dem Kanzleramt abgestimmt, es war ein Papier des Außenministers. Natürlich hatte ich den Boden durch zahlreiche Gespräche bereitet. Und natürlich war es eine Sensation, als das Memorandum plötzlich da war und wir angefragt wurden, ob das die Meinung des Außenministers sei oder die der Bundesregierung. Es entwickelte sich eine Debatte, die immer mehr in Richtung Währungsunion ging, so dass schon im Mai 1988 beim Europäischen Rat in Hannover ein Beschluss gefasst werden konnte für ein erstes Vorbereitungsgremium zur Wirtschafts- und Währungsunion. Ende 1991 waren die Verträge dann fertig, und Anfang 1992 fand in Maastricht die förmliche Unterzeichnung statt. Es war ein großer Schritt auf dem Weg zur europäischen Integration, ein Meilenstein. Für mich war es eine große Befriedigung, noch kurz vor meinem Ausscheiden aus der Bundesregierung die Verträge unterzeichnen zu können.

Dieses alles hatte ich vor Augen, als ich mir Mitte des Jahres 1991 Gedanken darüber machte, wie mein Weg weitergehen sollte. Ich hatte das große Ziel meiner politischen Bestrebungen erreicht, die deutsche Einheit. Ich hatte dazu beigetragen, dass es mit der europäischen Integration voranging, nicht nur mit der Währungsunion, sondern auch mit dem in Aussicht stehenden Abschluss der Verträge von Maastricht. Es stellte sich nach siebzehn Jahren im Amt des Außenministers die Frage, wann der passende Moment für einen Rücktritt gekommen sei. Tritt man am Ende einer Legislaturperiode zurück, bringt man seine Partei für den Wahlkampf in die größte Verlegenheit. Sie hätte die Frage beantworten müssen, wer der Nachfolger wird, und das hätte zusätzliche Probleme geschaffen. Deshalb sprach alles dafür, in der Mitte der Legislaturperiode zurückzutreten. Darüber habe ich im Sommer 1991 mit meiner Frau gesprochen, als ich spürte, dass sie genauso denkt wie ich.

Spielten auch gesundheitliche Gründe eine Rolle?

Ja, aber nicht nur. Viel früher schon hatte mal ein alter Freund gefragt, wie lange ich das eigentlich noch machen wolle. Da habe ich gesagt: »Ich höre auf, wenn ich das erste Mal sage, das haben wir alles schon gehabt.« Im Grunde muss ja ein Politiker, ein Minister, ein Impulsgeber sein. Er muss jemand sein, der neue Entwicklungen erkennt und gestalten oder gar in Gang setzen kann. Und ich hatte das Gefühl, dass nach einer so langen Zeit im Amt eigentlich in einer Demokratie ein Machtwechsel stattfinden sollte. Nicht, was meine Partei betraf, aber schon, was meine Person betraf. Zudem kann es, gerade in der Personalpolitik, zu Fehlentscheidungen kommen, wenn jemand achtzehn Jahre im Amt ist.

Also habe ich mit meiner Frau darüber gesprochen und ihr gesagt, dass ich an einen Rücktritt im nächsten Frühjahr denke, also 1992. Und hinzugefügt: »Lass uns das mal zur Seite legen, wir reden jetzt nicht mehr darüber bis Weihnachten, aber denken darüber nach und reden dann noch mal.« Wir kamen beide zu dem Ergebnis, dass es richtig sei. Dann habe ich Helmut Kohl angerufen, wie üblich zwischen Weihnachten und Neujahr, und ihm gesagt, ich würde gern ein Gespräch über meine Zukunft mit ihm führen. Beim Blick in den Kalender stellten wir fest, dass wir beide im Januar am Berliner Presseball teilnahmen. Er fuhr mit seiner Frau hin, ich mit meiner, und wir haben uns am nächsten Morgen im Gästehaus der Bundesregierung zum Frühstück verabredet, Männer und Frauen getrennt. Ich habe ihm meinen Plan vorgetragen und gesagt: »Du wirst dir ja solche Gedanken auch machen.« Darauf Kohl: »Ja, aber jetzt noch nicht.« Auf seine Frage, wer mein Nachfolger werden solle, habe ich ihm geantwortet, dass ich mich bemühen werde, Klaus Kinkel durchzusetzen, damals Justizminister.

Es standen der Europäische Rat und der G7-Gipfel bevor, gute Gelegenheiten, um meinen Nachfolger vorzustellen. Deshalb wollte ich schon Mitte Mai zurücktreten, am Jahrestag meiner Ernennung zum Außenminister achtzehn Jahre zuvor.

Hat Kohl nicht versucht, Sie umzustimmen?

Nein, das war nicht der Fall.

Ihr Nachfolger, Klaus Kinkel, hätte gern gesehen, dass Sie sich als Kandidat bei der Bundespräsidentenwahl 1994 zur Verfügung stellen. Er hat darüber auch mit Kohl gesprochen. War das damals eine Option für Sie?

Nicht für mich. Die Sache ist hochgekommen, weil das Magazin *Focus* in seiner ersten Nummer im Januar 1993 mit dem Titel aufmachte: »Genscher wird Bundespräsident«. Ich habe daran nie gedacht und wollte es auch nicht. Ich habe auch sofort, als diese Sache aufkam, eine Erklärung abgegeben, dass da nichts dran sei. Denn die Erwägungen, die mich veranlasst hatten, als Außenminister aufzuhören, galten zu einem großen Teil auch für ein neues Amt, insbesondere ein so repräsentatives. Für mich war das, was ich erreicht hatte, das denkbar Schönste, was man überhaupt erreichen kann. Ich glaube auch nicht, dass ich angesichts der gesundheitlichen Probleme, die ich später hatte, noch weitere fünf Jahre durchgehalten hätte.

Was jetzt zu tun ist –
Eine Agenda für Europa und die Welt

2015 – Jubiläumsjahr? Gewiss. Agendajahr? Hoffentlich! Es ist schon wahr, dieses Jahr 2015 wird auch deshalb als ein Jubiläumsjahr besonderer Art in Erinnerung bleiben, weil eine ganze Generation, die noch Zeitzeuge des Zweiten Weltkrieges war, in absehbarer Zeit abtreten wird. Agendajahr – selten sind in einem Jahr die Probleme der Welt so sichtbar geworden wie 2015. Deshalb darf der Blick zurück nicht den Blick nach vorn versperren. Nehmen wir Europa. Das, was man die griechische Tragödie nennt, ist in Wahrheit eine europäische Tragödie. Europa hat 2002 die Kraft gefunden, eine eigene Währung zu schaffen. Eine Währung, die seiner wirtschaftlichen Stärke und politischen Bedeutung entspricht. Es hat indessen die Kraft gefehlt, die Regeln für diese Währung auch durchzusetzen. Mit kleinen Verstößen gegen die Regeln haben die großen Länder die weitgehenden Verstöße kleinerer Länder, und hier zuallererst Griechenlands, hingenommen. Das Ergebnis haben wir jetzt.

Auch die unbestreitbaren Strukturprobleme Europas lösen keine Reformdebatte aus, sondern stärken politische Kräfte, die Europa in Frage stellen – mal direkt und unverblümt, mal heuchlerisch verpackt mit den Worten: »Ich bin nicht gegen Europa, aber ...« Es gebe zu viel Europa, ist zu hören, obwohl es doch in Wahrheit viel zu wenig Europa gibt. Oder wie soll man die Probleme der Währungsunion erklären, wenn nicht mit dem Fehlen einer gemeinsamen Wirtschafts- und Finanzpolitik? Die Beseitigung dieses Geburtsfehlers der Währungsunion ist derzeit die dringlichste Aufgabe der EU. Er war kein Fehler der Befürworter der Währungsunion, sondern ein leider nicht vermeidbarer Erfolg ihrer Gegner. Sie verhinderten mit der Parole »Keine Wirtschaftsregierung in Brüssel« die unentbehrliche Zusammenführung der Wirtschafts- und Finanzpolitik auf europäischer Ebene.

Die »Ja-aber-Europäer« sind nicht viel besser als die offenen Europagegner. Die einen wollen das Projekt Europa sofort beenden, die anderen allmählich, damit es nicht so auffällt. Aber Europa braucht gerade jetzt einen neuen Anlauf. Da wird niemand darum herumkommen, Farbe zu bekennen. Gebraucht werden europäische Zukunftsgestalter, wie es die Gründerväter waren oder die Vordenker und Vorreiter, die es bis heute immer wieder gegeben hat. Das wäre die Agenda Europa 2015.

Neben dem Europa der Europäischen Union gibt es das Europa der OSZE und der Charta von Paris. Gewiss, es ist größer und hat eine andere Agenda. Aber diese Agenda kann nur in Harmonie mit derjenigen EU-Europas erfüllt werden. Es ist das Europa, das die USA, Kanada und Russland einschließt, von Vancouver bis Wladiwostok. Fünfzehn Jahre hat es gebraucht von der Unterzeichnung der Schlussakte von Helsinki 1975 bis zur Unterzeichnung der Charta von Paris 1990. Das heißt: Fünfzehn Jahre hat es gebraucht, um den Kalten Krieg zu überwinden. Nun, nach weiteren 25 Jahren, muss endlich auch die Agenda Charta-Europas Realität werden.

Die Ereignisse gerade der letzten Monate machen es notwendig, daran zu erinnern, welche Grundwerte die innere Kraft eines vitalen Europa ausmachen. Es sind die Freiheits- und Menschenrechte. Es ist die Moral menschlicher Solidarität. Was sich derzeit abspielt bei der Haltung von EU-Mitgliedstaaten zur Flüchtlingsfrage, wird diesen Grundwerten nicht gerecht. Menschen in Not! Und dann verweigerte Hilfsbereitschaft wegen zu großer räumlicher Entfernung: »Das sollen die Südeuropäer machen.« Wie soll bei einer solchen Haltung Solidarität hier bei uns in Europa und weltweit durchgesetzt werden?

Neben all den Gedenk-, Feier- und Jubiläumstagen sollte es jedes Jahr und weltweit einen »Tag der globalen Solidarität« geben, der die Überwindung von Hunger und Not, von Unbildung und Benachteiligung in den Fokus der Aufmerksamkeit rückt, der weltweites solidarisches Handeln einfordert und der eine Haltung befördert, die Massenfluchtbewegungen wie die aus Afrika nicht als Grenzfragen der Anliegerregionen oder als Transportprobleme behandelt, sondern als Überlebensfrage hilfloser und schutzsuchender Menschen. Nicht vergessen sollten wir bei alldem ein umweltbewusstes Handeln als Überlebensfrage der Menschheit.

Und dann gibt es die Agenda der globalisierten Welt, einer neuen Weltordnung, die nur dann friedlich und allgemein akzeptiert sein wird, wenn sie überall in der Welt als gerecht empfunden werden kann. Diese neue Weltordnung muss gegründet sein auf Gleichberechtigung und Ebenbürtigkeit der Völker und auf den Grundregeln des Zusammenlebens, wie die UN-Charta sie vorsieht, denen zufolge es eine friedliche Welt nicht geben kann ohne globale Solidarität. Das bedeutet auch, dass sich der exklusive Zirkel der G7/G8 öffnet für die neuen Global Players, wie sie zum Beispiel in den BRICS-Staaten verbunden sind.

Schließlich die Agenda Weltfrieden, die der Rüstungskontrolle und Abrüstung endlich zum weltweiten Durchbruch verhelfen muss. Insbesondere müssen die Atommächte siebzig Jahre nach dem Abwurf der ersten Atombombe endlich ihre atomare Abrüstungsverpflichtung erfüllen. Sie sollten jedes Jahr am 6. August, an diesem historischen, für die Menschheitsgeschichte einschneidenden Tag, den man verpflichtend »Tag der globalen Atomwaffenabrüstung« nennen sollte, darüber Bericht erstatten, welche Fortschritte sie im abgelaufenen Jahr bei der nuklearen Abrüstung gemacht haben.

Kurzum: Es gibt viel zu tun für ein besseres Europa und eine bessere Welt. Die Agenda 2015 ist lang. Ich wünsche mir, dass unser Land mit seinem schon heute großen Engagement bei der Überwindung der Folgen vieler Katastrophen ganz allgemein seine Verantwortung sieht in einer Politik des guten Beispiels.

Die innere Haltung unseres Landes zur europäischen Einigung ist für die Zukunft Europas entscheidend. So war es bei der Gründung des Europas der Sechs, so ist es seitdem und so wird es in Zukunft bleiben. Voraussetzung für die Fortsetzung der europäischen Erfolgsgeschichte ist, dass Frankreich, Polen und Deutschland übereinstimmend handeln. Als überzeugter Anhänger der deutsch-französischen Freundschaft und Zusammenarbeit in der EU habe ich mir nach dem Fall der Mauer und des Eisernen Vorhangs die Frage gestellt, ob es für die Zukunft Europas ausreichen wird, allein auf die Kooperation Berlin-Paris zu setzen, oder ob nicht ein weiteres Land, nämlich unser großer östlicher Nachbar Polen, als aktives EU-Mitglied einzubeziehen sei. Das war der Grund, warum ich noch vor meinem Ausscheiden aus dem Ministeramt meinen Kollegen aus Frankreich und Polen, Roland Dumas und Krzysztof Skubiszewski, vorschlug, das »Weimarer Dreieck« als Kernstück des europäischen Einigungsprozesses zu begründen. Sie sagten ohne jeden Vorbehalt ja, wobei sicher eine Rolle spielte, dass der Name Weimar der Initiative einen schmückenden historisch-kulturellen Hintergrund verlieh. Aus naheliegenden Gründen hätte die Bezeichnung »Berliner Dreieck« nicht uneingeschränkte Zustimmung finden können. Es ist zu begrüßen, dass die Regierungschefs die Tradition des Weimarer Dreiecks weiter pflegen. Das sollte verstärkt geschehen. Diese drei Länder können, ja müssen zu Impulsgebern des neuen Europa werden. Für Deutschland ist das aus vielerlei Gründen eine unbedingte Notwendigkeit, und ich denke, das Gleiche gilt für Frankreich und Polen.

Fünfundzwanzig Jahre nach Verabschiedung der Charta von Paris muss die Bekräftigung OSZE-Europas zur Stunde der Wahrheit für die Unterzeichnerstaaten von 1990 werden. Stehen sie noch zu den gemeinsamen Vorhaben von damals? Oder war ihre Zustimmung zur Charta nur ein Lippenbekenntnis, nicht für die Dauer gedacht? Europa, oder besser gesagt der OSZE-Raum, kann nur dann global handeln, wenn die Charta von Paris weiterhin volle Gültigkeit hat und allseits akzeptiert wird. Dies gilt für alle hier angesprochenen Agenden, in besonderer Weise aber für die Agenda Weltfrieden. Das heißt, Rüstungskontrolle und Abrüstung müssen, wie bereits im Harmel-Bericht von 1967, wieder zu integralen Bestandteilen der Sicherheitspolitik nicht nur der NATO, sondern des gesamten OSZE-Raumes werden.

Wenn sich die Staaten der OSZE zu einer gemeinsamen globalen Politik durchringen, dann wird das weltweit stabilisierend wirken. Die Zielsetzung von 1990 ging über eine lockere weltweite Zusammenarbeit, so wichtig diese ist, weit hinaus. Als Deutsche müssen wir uns die Frage stellen, ob wir in einem solchen Prozess globaler Zukunftsgestaltung eine besondere Rolle zu erfüllen haben. Die Antwort lautet: ja. Die Verpflichtungen, die Deutschland im Rahmen des Zwei-plus-Vier-Vertrages übernommen hat, darunter der Verzicht auf alle Massenvernichtungsmittel, stellten es von Anfang an außerhalb jeden Verdachts, sich im Wege einer solchen Globalpolitik globalen Einfluss verschaffen zu wollen. Das könnte beispielhaft sein.

Eine Politik des guten Beispiels, die unverdächtig ist, nach globalem Einfluss zu streben, könnte eine überfällige globale Diskussion über die Zukunft der internationalen Politik und der internationalen Regeln fördern.

Das wäre zu begrüßen. Den Beginn könnte man bei der nuklearen Abrüstung machen. Die Zahl der Atomwaffenbesitzer ist noch immer gering, wenngleich jeder Einzelne von ihnen einer zu viel ist. Bei einer überschaubaren Zahl von Atomwaffenbesitzern wäre die Ermutigung einer Politik des guten Beispiels besonders leicht überprüfbar.

Eine Organisation, die so unterschiedliche Länder vereint wie die OSZE, eignet sich besonders gut, um für eine globale Zusammenarbeit beispielgebend zu sein. Das Verständnis der neuen Weltnachbarschaftsordnung, der globalen Interdependenz und der globalen Effekte jedes politischen Handelns ist der Schlüssel zum Verständnis der Regeln einer Weltordnung der Gleichberechtigung und der Ebenbürtigkeit. Ohne dieses Verständnis wird es bei der Suche nach Regeln für eine globale Friedensordnung immer wieder Probleme geben. Für Europa, den Kontinent, von dem so viele Kriege in andere Teile der Welt getragen worden sind, wäre es eine großartige Zukunftsvision, Motor dieser globalen Friedensordnung zu sein.

Noch liegen einige Monate des Jahres 2015 vor uns, und in diesen Zeitraum fällt der 25. Jahrestag der Unterzeichnung der Charta von Paris. An diesem Tag sollten die Unterzeichnerstaaten von damals wiederum in Paris zusammenkommen, um Bilanz zu ziehen und sich darüber klar zu werden, was geschehen muss, um die damaligen Vereinbarungen Wirklichkeit werden zu lassen. Dieser 21. November darf nicht vorübergehen ohne eine solche Bilanz. Er muss genutzt werden, um ein Signal für einen Neuanfang zu setzen – einen Neuanfang nicht nur für die

Verwirklichung der Charta von Paris, sondern auch für die Europäische Union. Er ist nicht weniger dringlich.

Dieser Neuanfang muss auch für das West-Ost-Verhältnis im OSZE-Raum gelten. Ich wiederhole: Stabilität im Raum von Vancouver bis Wladiwostok gibt es nicht ohne Russland und erst recht nicht gegen Russland. Aber gemeinsam ist vieles möglich. Wir brauchen uns gegenseitig. Wir haben angesichts der globalen Herausforderungen enorme Probleme zu lösen und zu bewältigen. Dafür sollten wir gemeinsam einen neuen Anlauf machen.

Worum also geht es? Was ist jetzt zu tun?

• Es geht um die Agenda Europa, um den entschlossenen Weiterbau der Europäischen Union, nicht irgendwann, sondern jetzt. Wir müssen unsere Union in allen Bereichen zukunftsfähig machen.

• Es geht um die Agenda der Charta von Paris, die die Zukunft des nordatlantischen Raumes von Vancouver bis Wladiwostok kooperativ und dauerhaft gestalten soll.

• Es geht um eine globale Friedensordnung, die sich als Weltnachbarschaftsordnung versteht und die überall in der Welt als gerecht empfunden werden kann.

• Es geht um die Agenda Weltfrieden, vor allem um eine weltweite Abrüstung und Rüstungskontrolle mit dem Ziel, endlich die atomare Abrüstung entschlossen voranzubringen. Die Globalisierung hat die Welt zur Überlebensgemeinschaft gemacht, eine Herausforderung, die alle angeht und die wir als Deutsche und Europäer erkennen und annehmen müssen.

Personenregister

Bildnachweis